Heidi Andersen | Anna-Maria Stawreberg

Achtsamkeit für Eltern

Heidi Andersen
Anna-Maria Stawreberg

Achtsamkeit für Eltern

Mehr Gelassenheit im Alltag mit Kindern

Aus dem Schwedischen von Sigrid Irimia

KREUZ

Titel der Originalausgabe: Mindfulness för föräldrar,
© by Anna-Maria Stawreberg and Heidi Andersen, 2009,
first published by Bonnier Fakta, Stockholm, Sweden

MIX
Papier aus verantwor-
tungsvollen Quellen
FSC® C106847

© für die deutsche Ausgabe: KREUZ VERLAG
in der Verlag Herder GmbH, Freiburg im Breisgau 2012
Alle Rechte vorbehalten
www.kreuz-verlag.de

Umschlaggestaltung: [rincón]² medien gmbh, Köln
Umschlagmotiv: © Dann Tardif/LWA/Corbis

Satz: de·te·pe, Aalen
Herstellung: fgb · freiburger graphische betriebe
www.fgb.de

Printed in Germany

ISBN 978-3-451-61151-3

INHALT

EINLEITUNG

Haben auch Sie den Eindruck, dass Sie mit der Verantwortung für die Sitzung im Büro, den sonstigen beruflichen Terminen und den Abholzeiten im Kindergarten einfach nicht klarkommen? Sind Sie frustriert, müde und vielleicht sogar traurig darüber, dass Sie es nicht schaffen, die Eltern zu sein, die Sie sein möchten? Eltern nämlich, die sich nicht zu Tode hetzen, um rechtzeitig in der Kita zu sein, damit ihre Tochter nicht als Letzte abgeholt wird? Eltern, die auch etwas anderes kochen können als Fischstäbchen und Nudeln? Eltern, die nicht so müde sind, dass sie sich gar nicht mehr daran erinnern können, wie es ist, morgens auszuschlafen, weil das Baby nachts wach liegt? Dann ist dieses Buch genau das Richtige für Sie.

Achtsame Elternschaft ist eine Elternphilosophie, die Ihnen hilft, die Macht über den zeitweilig grauen Alltag zu ergreifen. Denjenigen Alltag, der das Leben eigentlich ausmacht und in dem Sie sich zuweilen unzulänglich oder machtlos fühlen und nicht mehr aus noch ein wissen. Und selbst wenn Achtsamkeit keine magische Zauberformel ist, so kann sie Ihnen doch bei Ihren alltäglichen Berg- und Talfahrten helfen, Sie unterstützen und inspirieren.

Wenn Sie dieses Buch zu Ende gelesen haben, wird sich nicht automatisch das große Glück einstellen. Betrachten

Sie es also lieber als eine Karte, auf der ein Weg durch unbekanntes Gelände verzeichnet ist. Damit Sie sich in dem Dschungel orientieren können, der Elternsein bedeutet, benötigen Sie zudem ein großes Einfühlungsvermögen.

Achtsame Elternschaft hilft Ihnen, das Dasein aus einer weiteren Perspektive zu sehen, indem Sie Ihre Denkweise ein wenig ändern lernen. Denn wie ist das eigentlich? Fühlt es sich nicht so an, als würde Ihr Zweijähriger jedes Mal auf dem Weg von der Kita nach Hause Ärger machen – wo er es doch tatsächlich nur gelegentlich tut? Indem Sie Ihren Bezug zur Situation ändern, können Sie diese so sehen, wie sie wirklich ist, und nicht wie Sie sie empfinden. Dann können Sie sie auch beeinflussen, indem Sie entscheiden, sich anders zu verhalten. Denn Sie haben fast immer die Wahl und können entscheiden, wie Sie sich in den verschiedensten Situationen verhalten.

Wir meinen nicht, dass Sie das Leben durch eine rosarote Brille betrachten sollen. Wenn Sie aber das Leben so sehen, wie es tatsächlich ist, werden Sie entdecken, dass es um Sie herum viel mehr Lichtblicke gibt, als Sie vielleicht meinen. Oftmals werden Sie für unangenehme Dinge auch alternative Lösungen finden. Vielleicht bemerkten Sie das letzte Mal, als Sie zu spät zum Kindergarten kamen, nicht den glücklichen, triumphierenden Blick Ihres dreijährigen Sohnes, als er es geschafft hatte, sich ganz alleine anzuziehen. Stattdessen dachten Sie wahrscheinlich darüber nach, wie Ihnen die Zeit davonrast, und mit Sicherheit bemerkten Sie, wie danach seine Jacke an ihm herumhing.

Achtsamkeit hilft Ihnen, im Jetzt zu leben und nicht in dem, was war oder in Zukunft sein wird. Genauso leben Kinder – mittendrin im Auge des Sturms. Kinder kümmern sich nicht um das Morgen, und ehrlich gesagt, kümmern sie sich auch nicht um das, was in einer halben Stunde geschieht. Kleine Kinder denken auch nicht allzu sehr darüber nach, was bereits geschehen ist. Ganz im Gegensatz zu uns Erwachsenen.

Wie oft reagieren wir Erwachsene nicht auf die Situation selbst, sondern auf etwas, das wir vor zwanzig oder vielleicht dreißig Jahren erlebt haben! Außerdem reagieren wir oft auf etwas, das außerhalb der Situation steht, statt auf die eigentliche Situation. Indem Sie die Trauer Ihres Kindes übernehmen, wenn es beim Ausflug nicht dabei sein kann, nehmen Sie die Verantwortung für eine Situation auf sich, die nicht Ihr Kind, sondern Sie selbst betrifft. Als Folge davon lernt Ihr Kind nicht, dass es mit seinen Problemen aus eigener Kraft und Stärke zurechtkommen kann.

Durch Achtsamkeit können Sie Abstand gewinnen und Wege finden, die Situation aus einer anderen Perspektive zu betrachten. Eigentlich ist das einfach, denn diese Fähigkeit besitzen Sie bereits. Wahrscheinlich waren auch Sie Experte darin, im Jetzt zu leben. Als Sie jedoch älter wurden, erkannten Sie, wie ernst das Leben ist und wie wichtig, Pläne zu schmieden und stets einen Schritt voraus zu sein. Und das ist manchmal auch notwendig, aber indem Sie immer einen Schritt voraus sind, verpassen Sie häufig das Wesentliche – das nämlich, was um Sie herum geschieht. In diesem Punkt können wir Erwachsene viel von unseren Kindern lernen. Unser Wunsch ist es, dass Sie als Leser und Leserin zu der Fähigkeit zurückfinden, die Sie als Kind hatten: das Leben mehr zu genießen. Und tatsächlich, wenn Sie im Jetzt leben, vermehren sich die kleinen Freuden im Alltag.

Sicherlich braucht es seine Zeit und erfordert es Geduld, Achtsamkeit in den Alltag zu integrieren. Und selbst diejenigen, die sich das Achtsamkeitsdenken ganz angeeignet haben, verfallen in unregelmäßigen Abständen immer wieder in ihre alten Verhaltensmuster. Wichtig ist aber zu wissen, dass es absolut möglich ist, gegenwärtiger zu sein und auf diese Weise mehr Freude im Alltag zu erleben.

Dieses Buch möchte Ihnen zeigen, wie Sie im Hier und Jetzt sein und wie Sie sich von alten Denk- und Reaktionsmustern befreien können. Es mag schwierig und verzwickt wirken. Wenn Sie jedoch die Situationen und Denkmuster so sein lassen, wie sie in Wirklichkeit sind, ohne sie durch Ihre urteilenden Gedanken zu dem, was in den unterschiedlichen Situationen angeblich unmöglich ist, zu schmälern, wird für Sie das Leben lustiger und leichter werden.

In diesem Buch werden Sie über alltägliche Situationen lesen, denen alle Eltern begegnen. Situationen, in denen man sich am liebsten wie ein dreijähriges Kind hinlegen und schreien und toben möchte. Sie werden ein Werkzeug an die Hand bekommen, das Ihnen hilft, sich anders zu verhalten. Mit dessen Hilfe Sie die Situation aus einem anderen Blickwinkel sehen und verstehen können, weshalb es zu dieser Situation kam. Ebenso werden Sie verstehen lernen, dass es niemals zu spät ist, den nächsten Zug zu nehmen und zu den verantwortungsvollen und guten Eltern zu werden, die zu sein Sie träumen. Die Entscheidung liegt stets bei Ihnen. Und die Lektüre dieses Buchs ist der erste Schritt auf Ihrer Reise. Willkommen an Bord!

Heidi Andersen ist in den USA geboren und kam im Jahr 1997 nach Schweden. Sie ist Trainerin für Achtsamkeit und Lehrerin für Stressreduktion. Sie wurde am Center for Mindfulness an der University of Massachusetts, USA, unter anderem von Jon Kabat-Zinn und Saki Santorelli und in kognitiver Therapie und Stressreduktion am Center für Mindfulness an der Bangore University in Wales, Großbritannien, ausgebildet. Wenn sie keine Vorlesungen und Kurse über Eltern und Achtsamkeit hält, arbeitet sie als Coach und Therapeutin. Ebenso ist sie ausgebildete Maltherapeutin und Künstlerin.

Als meine Zwillingstöchter zu früh auf die Welt kamen und krank und schwach waren, war ich nicht darauf vorbereitet, wie sich das Leben verändern würde. Fünf Wochen lang mussten mein Mann und ich sie stündlich über eine Sonde ernähren. Später stillte ich sie ständig, da ich mich dafür verantwortlich fühlte, dass sie wachsen. Schließlich war ich vor lauter Schlafmangel und Stress dermaßen ausgelaugt, dass mir bewusst wurde, dass ich über das ganze Füttern und Sorgen meine Kinder kaum sah. Zu diesem Zeitpunkt begann ich über Achtsamkeit zu lesen. Am Anfang fiel es mir schwer, im Jetzt zu sein, inzwischen kann ich jedoch sowohl meine Kinder als auch das Leben wieder voll genießen.
Mutter zu sein ist die schwierigste und anstrengendste Reise, die ich jemals machte. Aber zugleich auch die phantastischste. Ich sage immer: Achtsamkeit ist kein Fast-Food, sondern erfordert viel Geduld. Es ist leicht, wieder im Stress zu landen und zu vergessen, in der Gegenwart zu leben. Ich kann aber auch ehrlich sagen, dass es mit der Zeit zu einem schönen Lebensstil wird,

in dem man freier atmen kann. Zu einer Lebenskunst, den Alltag zu genießen und mit Schwierigkeiten fertig zu werden.

Anna-Maria Stawreberg hat viele Jahre als Journalistin für die Zeitschrift *Vi Föräldrar* (Wir Eltern) gearbeitet und einige Bücher über Kinder und Eltern geschrieben. Das erste handelte von Kindern und Schlaf: *Alles was Sie über den Schlaf Ihres Kindes wissen wollten, aber zu müde waren nachzufragen.* Ihr nächstes Buch kam etwas leichtfüßiger daher und handelte von Festen: *Feste für Große und Kleine.* Sie hat auch ein Buch gemeinsam mit Jesper Juul verfasst: *Elterncoaching mit Jesper Juul.*

Für mich ist Achtsamkeit nicht etwas, wozu ich mich mühsam zwingen muss. Ich versuche meinen Alltag bewusst zu erleben und merke die ganze Zeit, dass ich immer mehr von meinen Kindern und den Kindern anderer lerne.

Wie nützlich mir Achtsamkeit war, merkte ich erstmals, als unsere jüngste Tochter schwer erkrankte. Da war es wichtig, im Jetzt zu leben und zu denken: »Jetzt haben wir alles dafür getan, dass es ihr gut geht, und keiner von uns hat etwas davon, wenn wir Angst vor der Zukunft haben.«

Stattdessen versuchten wir uns, über das Lächeln zu freuen, dass ihr Gesicht erhellte, wenn sie keine Schmerzen hatte oder die Stimme ihrer großen Schwester an ihrem Krankenbett hörte. Und wir ließen es nicht zu, dass die Sorge um den morgigen Tag jenen kurzen Augenblick des Glücks, der sich vor unseren Augen abspielte, trübte.

Nun geht es ihr schon lange wieder gut, und wir sind in den gewohnten Alltag zurückgekehrt. Mithilfe der Achtsamkeit kann ich die kurzen Momente genießen, die stets vorüberziehen – wenn man sich nur genügend Zeit nimmt, sie zu sehen und zu erleben – wie beispielsweise die kleine Hand, die auf dem Weg in die Schule nach meiner tastet.

KAPITEL 1

Jetzt findet das Leben statt

»Leben ist, was dir geschieht,
während du damit beschäftigt bist,
andere Pläne zu schmieden.«

JOHN LENNON

Man könnte sich tatsächlich die Frage stellen, ob Eltern hier im Westen noch eine Philosophie benötigen. Haben wir nicht schon alle Hände voll zu tun mit der leidigen Vitaminzufuhr, den ADHS-Warnungen, der Schulpflicht und all den anderen Verpflichtungen? Reicht es denn nicht, dass wir mit unseren Kindern zu den festgelegten Untersuchungen gehen, dass wir zu den Ländern gehören, die weltweit die längste Elternzeit haben, und dass wir – allen Diskussionen zum Trotz – eine verhältnismäßig gut funktionierende Kinderbetreuung und Schule haben?

Dennoch ist die Anzahl von Kleinkind-Eltern, die an Stresssymptomen leiden, in den letzten zehn Jahren stark angestiegen. Die Eltern von heute brechen schier zusammen vor Erschöpfung und fühlen sich hilflos angesichts der ganzen Anforderungen; ratlos angesichts aller Entscheidungen – von der Wahl der richtigen Krabbelgruppe bis zum Kauf der richtigen Winterkleidung, von der Kinderbetreuung bis hin zu den Freizeitaktivitäten. Und wir fragen uns, wie wir dabei dem eigentlichen Elternsein mehr Platz einräumen können. Wie können wir zwischen all den Anforderungen und Wünschen in unserem Leben, die teils von uns selbst, teils von anderen ausgehen, zu einer Balance finden?

Häufig stehen unsere unterschiedlichen Rollen und Wünsche im Gegensatz zueinander. Und oftmals sind wir von Menschen umgeben, die genaue Vorstellungen davon haben, wie unsere Entscheidungen ausfalle sollten. Gleichzeitig steckt unser Alltag voller Aufgaben, die wir erledigen müssen. Da sind Kinder, die uns brauchen, Mahlzeiten, die wir vorbereiten sollen, Wäsche, die zusammengelegt werden muss, Elterntreffen, Arbeit und vieles mehr. Es ist kein Kunststück, uns von all dem nicht überwältigen zu lassen und nicht das Gefühl zu bekommen, die Zeit als Eltern sei etwas, womit wir einfach fertig werden müssen, und wir könnten erst dann wieder frei atmen, wenn die Kinder aus dem Haus sind.

Ich gehe mit meinen zwei Töchtern (sechs und neun Jahre alt) ins Kino. Wir schauen *Mamma Mia* und lachen und weinen, bis Sophie, die Filmtochter, heiraten soll und Meryl Streep, die die Rolle der Mutter spielt, ihr dabei hilft, sich für die Hochzeit zurechtzumachen. Währenddessen singt sie darüber, wie schnell die Zeit verging. Plötzlich kullern Tränen über meine Wangen: Ja, alles geht so schnell. Mir scheint, meine geliebten Töchter wären erst gestern geboren. Und wie ein Echo höre ich meine eigene Mutter, wenn sie mich und meine Schwester ihren Freundinnen mit kleinen Kindern vorstellte: »Genieß die Zeit. Es geht so schnell vorbei. Auf einmal sind sie so groß ...«   ANNA MARIA

Im Hier und Jetzt

Mittendrin in all den Entscheidungen, die wir meinen treffen zu müssen, mitten in allen Anforderungen, die wir meinen erfüllen zu müssen, ist es einfach, unseren Fokus auf das Wichtigste zu verlieren, was ständig in eben diesem Augenblick um uns herum geschieht. Wir sehnen uns nach dem Feierabend, nach den Ferien ... Ja, die ganze Zeit schauen wir in die Zukunft. Auf einmal sind die Kinder groß, und unsere Chance, sie zu erleben und auf sie einzuwirken, ist verstrichen. Dann, denken wir, können wir endlich verschnaufen, aber stattdessen beginnen wir zurückzublicken und erinnern uns an die Zeit, als die Kinder ihren ersten Schritt taten und ihre erste Zahnlücke bekamen. Vermutlich sehen wir ihre Kindheit in einem nostalgischen Licht an uns vorbeiziehen und fragen uns: »Warum habe ich diese Zeit nicht bewusster erlebt?«

An diesem Punkt setzt die Achtsamkeit oder aber das bewusste Leben ein. Bei der Achtsamkeit geht es darum, dass Sie im Hier und Jetzt sind, also dort, wo Sie sich gerade befinden – und nicht im Dort und Dann. Es geht auch darum zu lernen, das Leben zu schätzen – und zu beeinflussen –, von eben dem Punkt ausgehend, an dem Sie sich tatsächlich befinden. Sie wissen nicht, was morgen, in zwei Wochen oder in zwei Jahren geschehen wird. Und das, was gestern oder im vorherigen Monat geschah, ist schon längst vorbei. Die einzige Zeit, die Sie wirklich haben, ist das Jetzt. Genau diese Sekunde, genau diese Minute.

Achtsamkeit ist das, was entsteht, wenn wir bewusst und aufmerksam im Jetzt leben. Es geht dabei um reine Aufmerksamkeit, Unterscheidungsvermögen, Klarblick und Weisheit. Unter Weisheit verstehen wir: Begreifen, wie die Dinge wirklich sind, und versuchen, in unseren Vorstellungen, Gedanken und Ansichten nicht festgefahren zu sein. Denn das könnte einen Nebel oder einen Schleier bilden, der uns daran hindert, das zu sehen, was direkt vor unserer Nase liegt.

Eigentlich ist es ein recht befreiender Gedanke, oder? Indem Sie danach streben, in größerem Maße im Jetzt zu leben, müssen Sie sich nicht mit Gedanken über die Vergangenheit herumplagen und grämen. Ebenso wenig brauchen Sie sich um den morgigen Tag zu sorgen. Stattdessen können Sie sich voll darauf konzentrieren, im Hier und Jetzt zu sein.

Eine angeborene Fähigkeit

Seit jeher kam der Mensch mit der Fähigkeit auf die Welt, bewusst im Jetzt zu leben. Diese Art zu leben ist nicht von einer bestimmen Kultur oder Religion abhängig. Es sieht allerdings so aus, als sei unsere Neigung, das Hier und Jetzt zu verlieren, ebenso allgemein menschlich und uralt – denn die Idee vom bewussten Dasein wird schon seit Jahrtausenden diskutiert. Schon lange finden wir sie als Teil der meisten großen Religionen wieder, beispielsweise in der christlichen Mystik, der Kabbala des Judentums und im Sufi-Zweig des Islam.

Vielleicht gibt es jedoch nirgendwo sonst ein so umfangreiches Wissen darüber, wie stark sich ein bewusstes Dasein auf unser Leben und die Welt auswirken kann, wie im Buddhismus. Man kann gewissermaßen behaupten, dass Achtsamkeit und das Wissen darüber, wie wir unsere Fähigkeit, bewusst im Jetzt leben zu können, am effektivsten pflegen und trainieren, den Kern der buddhistischen Lehre ausmachen.

Allerdings müssen wir nicht religiös sein, wenn wir lernen wollen, bewusst im Jetzt zu leben. Es handelt sich dabei nämlich wie gesagt um eine angeborene Fähigkeit, die viele von uns mit den Jahren verlieren. In den sechziger und siebziger Jahren lernten viele Menschen der westlichen Welt zu meditieren. Einige von ihnen gewannen daraus Erfahrungen, wie sie mit Leid oder Schwierigkeiten im Arbeitsleben umgehen können.

Einer davon war Jon Kabat-Zinn, Professor der Medizin an der University of Massachusetts. In den siebziger Jahren führte er in der westlichen Krankenpflege als erster systematisch Achtsamkeitsübungen durch. Jon und seine

Frau Myla Kabat-Zinn haben auch den Begriff *mindful parenting* (achtsam Elternsein) ins Leben gerufen und ihn auch in ihrem Buch *Mit Kindern wachsen: Die Praxis der Achtsamkeit in der Familie* entwickelt. Jon Kabat-Zinns Definition der Achtsamkeit lautet: »Das Bewusstsein, das sich entwickelt, wenn wir Dingen absichtlich Aufmerksamkeit schenken: im Jetzt, ohne sie zu bewerten und indem wir sie akzeptieren, wie sie sind.«

Heute gehört Achtsamkeit selbstverständlich zu unserer Welt dazu. Sie erwies sich als effektiv im Umgang mit Stress – sowohl als vorbeugende Maßnahme als auch bei Menschen, die bereits stressbedingte Krankheiten aufweisen. Ebenso wirksam ist das Achtsamkeitstraining bei Depressionen, und es wird häufig im Rahmen einer Verhaltenstherapie angewandt.

Indem Sie bewusst im Jetzt leben, hören Sie damit auf, alle großen und kleinen Probleme, die so gut wie täglich auftauchen, unbewusst lösen zu wollen. Dann nehmen Sie nicht aus alter Gewohnheit den Rat eines anderen an, bevor Sie ihn nicht in sich selbst verarbeitet haben, und dann geschieht es, dass die Lösung häufig aus Ihnen heraus entsteht. Wenn Sie nicht versuchen, ein Problem zu ändern oder davor zu fliehen, sondern die Situation oder den Schmerz stattdessen sehen, wie sie in Wirklichkeit sind, werden Sie erkennen, was Sie tun müssen. Statt einfach zu reagieren, werden Sie dann agieren.

Indem Sie bewusst im Jetzt leben, üben Sie sich darin, all das, was Sie erleben, bewusster wahrzunehmen, und zwar die guten wunderbaren wie auch die unangenehmen und schwierigen Ereignisse in Ihrem Leben. Wenn Sie bewusst leben, werden Sie auch über eine Bereitschaft verfügen, die Ihnen hilft, den Herausforderungen im Leben –

den physischen, mentalen, sozialen und emotionalen – zu begegnen und neue Wege zu finden, mit Ihren Gefühlen und Stimmungen umzugehen.

Achtsames Elternsein

Als Eltern Achtsamkeit zu üben, ist gewissermaßen eine geniale Idee, denn Achtsamkeit ist eine Lebensart und keine Methode, die man ab und zu anwendet. Elternsein ist, wie alle frisch gebackenen Mütter und Väter recht bald erkennen, eine Verpflichtung für den Tag, für das Jahr, ja, fürs gesamte Leben, und stellt so eine goldene Gelegenheit dar, bewusster zu leben. Während Ihr Kind heranwächst, haben Sie großen Nutzen davon, achtsam zu sein, teils um den elterlichen Stress besser zu bewältigen, teils um einen Weg zu finden, sich im Familienleben zu verhalten.

Wenn Sie achtsamer sind, wird Ihr Kind merken, dass Sie es auf eine innigere Art und Weise betrachten, und Sie werden es lieben, so wie es wirklich ist, nicht wie es sein sollte oder könnte. Achtsamkeit hilft Ihnen dabei, Gelegenheiten und Freudenmomente wie auch Sorgen und Kümmernissen zu begegnen, die Ihr gesamtes Leben lang immer wieder auftreten. Diese Verhaltensweise hilft Ihnen ebenso, mit schwierigen Situationen klarzukommen, ohne Schuld zu empfinden, und gleichzeitig die Bedeutung Ihrer Entscheidungen erkennen zu können.

Wenn Sie als Mutter oder Vater danach streben, achtsam zu sein, werden Sie sich Ihrer eigenen Bedeutung bewusst und werden sich zu einem Menschen entwickeln, in dem sich Ihr Kind spiegeln kann – und auf diese Weise wird Ihr Kind sein eigenes Ich finden. Kinder haben ein großes Bedürfnis danach, gesehen zu werden, und sie brauchen Eltern, die nicht selbst ständig von ihrer Umgebung bestärkt werden müssen. Erst dann werden Elternsein und das Zusammensein mit Ihrem Kind jenen hohen Wert erringen, der beiden Seiten zusteht. Und erst dann werden Sie das gemeinsame Leben in vollem Maße auskosten können.

Agieren statt reagieren

Es klingt recht einfach, im Jetzt zu leben, allerdings ist es nicht immer leicht. Wenn Sie ehrlich mit sich selbst sind, dann sind Ihre Gedanken während der Lektüre dieses Textes mit Sicherheit mindestens einmal abgeschweift. Ein wichtiger Punkt am Leben im Jetzt – abgesehen davon, dass Sie wirklich bei allem, was um Sie herum geschieht, dabei sind – liegt darin, dass Sie die Chance bekommen, Einfluss auf eine Situation auszuüben. Sie bekommen die Möglichkeit, sie so zu sehen, wie sie wirklich ist, ohne Ihre üblichen Interpretationen und nicht nur so, wie Sie die Situation empfinden oder erleben.

Wenn Sie Ihr Reptiliengehirn nicht das Steuer übernehmen lassen und, ohne nachzudenken, auf jeden Impuls blitzschnell reagieren, verschaffen Sie sich eine kleine Verschnaufpause. Dabei können Sie einen Schritt zurücktreten und Stellung dazu beziehen, ob es nun Ihre Gedanken sind, die Sie reagieren lassen, oder ob es die Situation selbst tatsächlich erfordert, dass Sie agieren. Wenn Sie sich diese Verschnaufpause gönnen, schaffen Sie sich selbst unterschiedliche Möglichkeiten, klug und nicht im Affekt zu handeln. Auf diese Weise umgehen Sie es auch, die Konsequenzen Ihres Handelns tragen zu müssen, was geschehen kann, wenn Sie überhastet reagieren.

Urteilen Sie schnell?

Wir sind häufig sehr schnell mit unseren Bewertungen und Urteilen, Situationen aber auch Menschen – uns selbst und anderen – gegenüber. Dadurch begrenzen wir uns und unsere Möglichkeiten. Das ist ungefähr so, als würde ein neuer Mitarbeiter, der neue Ideen mitbringt, zu hören bekommen: »Das haben wir bereits versucht, und es funktioniert nicht.« Oder: »Wir haben das immer so getan; es gibt gar keinen Anlass, es anders zu machen.« Da landet man automatisch in dem alten Gedankengang, der keinerlei Lösung für die Situation bietet oder gar alles schlimmer macht.

Stellen Sie sich vor, Sie wollen mit Ihrem Sohn morgens zur Kita. Da Sie vor einem wichtigen beruflichen Treffen stehen und angespannt sind, fühlten Sie sich schon gestresst, als der Wecker klingelte. Ihr Sohn ist müde, weil Sie gestern im Schwimmbad waren und erst spät nach Hause kamen. Sie sorgen dafür, dass er sich anzieht, und setzen ihn mit seinem Frühstück vor den Fernseher. Sie öffnen Ihre Mails, denn Sie müssen vor dem Treffen noch einiges vorbereiten. Fünf Minuten, bevor Sie gehen müssen, rufen Sie, ohne die Augen vom Bildschirm zu lösen: »Wir müssen jetzt gehen!« Dann setzen Sie Ihre Arbeit fort, und schwups sind zehn Minuten vergangen. Jetzt wird es aber Zeit! Da sehen Sie, dass Ihr Sohn sein Frühstücksbrot noch gar nicht aufgegessen hat. Sie

sind gereizt und fahren ihn an: »Dass du immer so trö-
deln musst! Hast du nicht gehört, dass ich gerufen
habe? Jetzt sind wir spät dran …!«
Die Monstermutter oder der Monstervater sind aus der
Garderobe hervorgeklettert, und die ganze Nervosität
blubbert nur so aus ihnen heraus. »Dass er auch kein
bisschen mitmachen will, dass er mich jeden Morgen
ausbremsen muss!«

In Heidis Kursen werden oft solche Szenarien vorgestellt,
und sicherlich erkennen sich in dieser Geschichte viele
wieder. Ähnliche Szenen spielen sich in den besten Familien ab. Wenn der Vater oder die Mutter im obigen Beispiel
einmal tief Luft geholt hätte, hätte er oder sie Zugang zu
einer anderen Art zu denken bekommen und der Morgen
wäre vermutlich anders verlaufen.

Es gibt mehrere unterschiedliche Ursachen dafür, dass
solche Situationen im Alltag auftreten, denn Sorgen und
Stress lassen sich nicht immer wegdenken. Auch nicht die
Tatsache, dass es eine bestimmte Uhrzeit für die Kita und
eine Uhrzeit für den Arbeitsbeginn gibt. Dass wir allerdings gleich in Kategorien denken wie »dass er mich jeden
Morgen ausbremsen muss«, ist verurteilend und destruk-
tiv. Klug wäre es da zu überlegen, wie mein eigenes Verhalten – und nicht dasjenige meines Kindes – zu dieser
Situation beitragen konnte.

Vielleicht versuchen Sie die Situation das nächste Mal
anders zu sehen? Vermutlich ist Ihr Sohn müde nach dem
gestrigen Schwimmbadbesuch, und indem er still und leise
vor dem Fernseher sitzt, damit Sie in Ruhe Ihre Arbeit erledigen können, macht er eigentlich genau das, was Sie
möchten. Dass er dabei vom spannenden Fernsehpro-

gramm gefangen genommen wird – wie Sie von Ihren Mails – ist doch wohl nur menschlich.

Viele verurteilende Gedanken sind nicht in der Wirklichkeit begründet, sondern entstehen in Ihrem Kopf. Im besprochenen Beispiel ist es nicht der Sohn, der es eilig hat, sondern die Mutter oder der Vater. Die Wirklichkeit des Kindes sieht anders aus als diejenige seiner Eltern. Selbstverständlich ist es wichtig, rechtzeitig in die Arbeit und zu einer geplanten Sitzung zu kommen, Ihr Sohn ist jedoch ein eigenes Individuum mit eigenen Bedürfnissen. Indem Sie wie oben reagieren und urteilen, wird er zum Schuldigen. Wenn nicht wir Eltern für unsere Kinder da sind, ohne sie zu verurteilen, wer soll es sonst tun?

Ohne einen Augenblick lang darüber nachzudenken, fällen wir ein rasches Urteil über unser Kind und glauben, es sei seine Absicht, zu quengeln, zu nörgeln oder ganz allgemein Ärger zu machen. Stattdessen kann es durchaus sein, dass das Kind versucht hat, genau das zu tun, worum Sie es gebeten haben. Oder es ist möglich, dass Ihr Kind versucht, etwas zu sagen, was es nicht mit Worten ausdrücken kann. Wie dem auch sei: Sie als Eltern haben die Aufgabe zu entscheiden, wie Sie reagieren wollen.

Und wenn Sie schon dabei sind, das schnelle Verurteilen bleiben zu lassen, können Sie auch noch versuchen, auf eine urteilsfreie Weise zuzuhören. Damit meinen wir, dass Sie aufhören in dem, was andere sagen, unausgesprochene negative Botschaften hineinzulesen. Nehmen Sie beispielsweise an, Ihr Partner kommt nach der Arbeit heim und macht eine Bemerkung darüber, wie unaufgeräumt es zu Hause aussieht. Viele von uns beginnen da zwischen den Zeilen zu lesen und denken, dass der Partner uns anklagt, weil wir nicht ordentlich geputzt und aufgeräumt haben.

Da ist der Streit schon vorprogrammiert. Vielleicht ist es aber so, dass Ihr Partner die Unordnung lediglich feststellt, ohne dies in irgendeiner Weise zu bewerten.

In einem anderen Beispiel mag Ihre Tochter nach Hause kommen und erzählen, dass alle anderen in ihrer Klasse Turnschuhe mit Klettverschluss haben. Nur sie habe Schnürsenkel. Sie beginnen sofort zu denken, dass sie Sie dafür verantwortlich macht und verurteilt, weil Sie ihr nicht die gleichen Schuhe gekauft haben, »die alle anderen tragen«. Dabei stellt Ihre Tochter vielleicht lediglich eine Tatsache fest.

Indem Sie davon absehen, alles was geschieht, zu bewerten, sparen Sie Energie, die Sie wahrscheinlich für andere Dinge benötigen. Atmen Sie einmal tief durch und machen Sie Pause von Ihrem automatischen Urteilsdenken. Danach können Sie entscheiden, wie Sie reagieren möchten. Vielleicht fragen Sie einfach: »Wenn du sagst, dass es unordentlich ist, meinst du damit, ich hätte Ordnung machen sollen?« oder »Wenn du sagst, alle haben Turnschuhe mit Klettverschluss, meinst du damit, du hättest selbst gerne welche?«

Mithilfe der Achtsamkeit haben Sie immer die Möglichkeit, eine Entscheidung zu treffen. Und selbst wenn Sie keinen Einfluss darauf haben, in welche Situationen Sie geraten, können Sie dennoch entscheiden, wie Sie darauf reagieren und wie Sie diese Situationen beurteilen und ihnen begegnen wollen. Zu sehen, dass Sie eine Wahl haben, gibt Ihnen die Möglichkeit, Ihre Kraft dort einzusetzen, wo Sie tatsächlich etwas verändern können, statt Vergangenes wiederzukäuen.

Entscheidungsfreiheit und Akzeptanz

Um sehen zu können, dass Sie in jeder Situation die Möglichkeit haben zu entscheiden, müssen Sie das Dasein so annehmen, wie es ist. Damit ist nicht gesagt, dass Sie alles akzeptieren sollen. Es ist lediglich so, dass sich Ihnen, indem Sie die Wirklichkeit so sehen, wie sie ist und nicht wie Sie sie sich wünschen, neue kreative Möglichkeiten erschließen. Und erst dann können Sie Einfluss nehmen auf das, was Sie gestalten möchten. Wenn Sie ständig auf verschiedene Situationen automatisch reagieren, ist weder Akzeptanz im Spiel noch haben Sie irgendeine Möglichkeit zu entscheiden.

Akzeptanz ist eine kraftvolle Art und Weise, der Welt zu begegnen. Mithilfe der Akzeptanz können Sie die Dinge deutlicher sehen, ohne sie dabei zu bewerten oder ein Urteil über sie zu fällen. Überlegen Sie einmal, wie oft Ihre eigenen Gedanken zu einer bestimmten Situation das Problem darstellen und nicht die Situation an sich.

Nun fragen wahrscheinlich die Skeptiker unter Ihnen: Wird man denn, wenn man im Augenblick lebt und alles einfach nur akzeptiert, nicht völlig willenlos und lässt das Leben einfach nur stattfinden? Das Gegenteil ist der Fall: Erst wenn Sie akzeptieren, was in eben diesem Augenblick geschieht, können Sie eine gute Entscheidung treffen. Selbstverständlich brauchen Sie gelegentlich ein Verhältnis zur Zukunft! Das wissen alle Eltern. Sie wissen, wann ihr Kind Hunger bekommt und seine Energie verliert, sie wissen, wie viel Schlaf ihr Kind benötigt, und sie wissen, wenn dienstags Sport ist, müssen die Sportsachen sauber und fertig gepackt sein.

Nicht das ist gemeint, wenn man nach einer achtsamen

Elternschaft strebt. Im Jetzt leben heißt nach unserer Auffassung, alles, was um uns herum in eben diesem Augenblick geschieht, aufzunehmen und zu bemerken, statt sich über das bereits Geschehene zu grämen oder sich um das, was eventuell passieren wird, zu sorgen. Wenn Sie Ihre Gedanken akzeptieren und sie nicht verurteilen, hören Sie jedoch nicht auf, Entscheidungen zu treffen. Im Gegenteil.

Wenn wir über Achtsamkeit reden, denken wir besonders auch daran, dass wir jederzeit entscheiden können, wie wir einer Situation begegnen. Führen Sie sich noch einmal den Jungen und seine Eltern im obigen Beispiel vor Augen, die mit den Vorbereitungen für den Kindergarten spät dran waren. Als Eltern wollen Sie Ihren Kindern das Beste geben und Sie möchten, dass Ihr Sohn oder Ihre Tochter so oft wie möglich eine glückliche Zeit erlebt. Wäre es da nicht vielleicht geschickter gewesen, am Wochenende ins Schwimmbad zu gehen? Oder wäre es nicht besser gewesen, wenn der Vater oder die Mutter entschieden hätte, die Mails nicht ausgerechnet während des Frühstücks zu lesen, und stattdessen lieber eine Viertelstunde früher aufgestanden wäre, um die Mails noch durchzubekommen?

Man kann das Ganze auch als eine Entscheidungsserie betrachten, zu der man Stellung bezieht: »Also gut, er ist müde, weil wir entschieden haben, gestern ins Schwimmbad zu gehen. Und wir sind spät dran, weil ich entschieden habe, meine Mails während des Frühstücks durchzusehen.« Auf diese Weise ziehen Sie als Mutter oder Vater die Konsequenzen aus Ihren Handlungen, statt sich darüber aufzuregen, dass der Tag in Chaos ausgeartet ist, oder Ihren Sohn oder sich selbst mit Scham und Schuld zu belegen.

Es gibt allerdings auch Dinge, über die Sie nicht entscheiden können. So können Sie beispielsweise nicht über
eine Krankheit oder andere traumatische Erlebnisse oder
Geschehen entscheiden. Doch Sie können entscheiden, wie
Sie sich ihnen gegenüber verhalten. Und manchmal ist es
natürlich einfacher, nichts zu entscheiden, dafür eine Weile
über das Leben zu klagen und sich selbst ein wenig leidzu-
tun. Das brauchen wir alle zuweilen, insbesondere wenn
das Leben gerade beschwerlich ist. Manchmal haben wir
weder Kraft noch Energie, um eine aktive Entscheidung zu
treffen. Andererseits haben Sie auch da eine Entscheidung
getroffen, indem Sie nämlich gewählt haben, gerade jetzt in
dieser Situation nichts zu tun. Sie haben sie so akzeptiert,
wie sie ist.

Zu wissen, dass Sie eine Entscheidung treffen können,
hilft Ihnen oftmals, sich als Mutter oder Vater sicherer und
kompetenter zu fühlen. Wenn Sie eine Entscheidung getroffen haben, fühlen Sie sich häufig ruhiger und haben es
leichter, mit den Konsequenzen Ihrer Entscheidung umzugehen. Auf diese Weise fallen Sie dem Leben nicht zum
Opfer, sondern behalten die Situation im Griff.

Genießen Sie mehr!

Wir können von unseren Kindern lernen, im Jetzt zu leben, und wie in der Einleitung dargelegt, tragen wir dieses
Vermögen bereits in uns. Unsere Kinder sind Experten
darin, im Jetzt zu leben, sich selbst und auch keinem anderen etwas vorzumachen und das Leben zu genießen. Jon
und Myla Kabat-Zinn gehen sogar so weit, unsere Kinder
als kleine Zen-Meister zu bezeichnen. Damit meinen sie,

dass wir unsere Kinder zuweilen als unsere Lehrer betrachten sollten.

Bei der Geburt unserer jüngsten Tochter war die ältere gerade zwei geworden. Da die Kleine Koliken hatte, schrie sie in den ersten Monaten mehr oder weniger rund um die Uhr, so dass keiner von uns viel Schlaf bekam. Eines Tages jedoch erlebten wir plötzlich einen kurzen Augenblick des Glücks und der Harmonie: Wir saßen alle vier auf dem Sofa und waren gesund und froh. Einige Tage später war wieder ein ähnlicher Moment da, und ich schaffte es tatsächlich, die Zeit zu genießen, und dachte bei mir: »Sitz einfach hier und genieße es, in fünf Sekunden ist es wieder vorbei.« Und in einem späteren magischen Augenblick entschied ich mich umzudenken: »Scheiß drauf, wenn in drei Sekunden wieder das Chaos ausbricht, JETZT ist es gerade wunderbar!«   ANNA-MARIA

Es zuzulassen, dass man das Leben genießt, obwohl man weiß, dass es bald wieder stressig wird, kann schön und befreiend sein. Versuchen Sie es selbst! Das Risiko, dass das Leben vollkommen aus der Spur gerät, wird kaum größer dadurch, dass Sie es sich gönnen, ein wenig zu genießen. Und das Risiko, dass das Leben dunkelschwarz wird, wird nicht geringer dadurch, dass Sie es konstant in Dauergrau halten. Ebenso wenig steigt das Risiko, wenn Sie ab und zu Ihre rosarote Brille aufsetzen. Im Gegenteil.

Achtsamkeit gibt Ihnen eine fantastische Chance, mehr zu genießen. Wenn Sie in eben diesem Augenblick bewusst leben, gibt es nichts anderes: weder eine Vergangenheit noch eine Zukunft. Wenn Sie ständig umhergehen und sich um den kommenden Tag sorgen oder sich wegen des gestrigen ärgern, verpassen Sie den Vogelgesang, Ihre weiche Haut, das Lächeln Ihres Babys, das Lachen der Kinder und den hintergründigen Humor Ihrer Teenager ... ja, Sie verpassen Ihr Leben.

Während eines Wochenendkurses traf ich einmal eine alleinerziehende Mutter mit zwei Söhnen, die mir erzählte, dass sie ein gemeinsames Geheimnis hatten, das ihr Leben manchmal schöner wirken ließ: Ihre »Verkehrtrum-Abendessen« – wenn sie mit dem Nachtisch begannen und mit der Vorspeise endeten – waren ihre Methode, dem Leben einen Goldschimmer zu verpassen. Dass es zudem ihr Familiengeheimnis war, machte die Sache noch schöner. HEIDI

KAPITEL 2

Elternsein –
eine innere Arbeit

»Elternsein ist ein Spiegel, der uns das Beste
und das Schlechteste in uns vorhält. Darin sehen
wir die besten und die beängstigendsten
Augenblicke in unserem Leben.«

JON UND MYLA KABAT-ZINN

Danach zu streben, eine bewusste Mutter oder ein bewusster Vater zu sein, bedeutet in einer ständigen inneren und äußeren Arbeit begriffen zu sein. Die innere Arbeit liegt darin zu erkennen, was Ihre Beweggründe sind und worin die Gründe für Ihre Schwachheiten liegen, ebenso wie zu entdecken, welche entwicklungsfähigen Möglichkeiten Sie haben, um aus Ihrem Elternsein das Beste zu machen. Es ist spannend und beängstigend zugleich, sich auf diese Art und Weise selbst zu betrachten, aber es ist auch unerhört wichtig, nicht zu urteilen und sich selbst anzunehmen. Es verschafft Ihnen Raum, Ihr Elternsein und Ihre Rolle als Vater oder Mutter aus einer anderen Perspektive zu sehen.

Eltern werden bedeutet für die meisten von uns das größte Glück, das wir erleben können. Die Liebe zu unseren Kindern ist die stärkste Liebe, die es gibt. Unsere Kinder schenken uns die größte Freude – doch ebenso tragen sie auch die größte Herausforderung an uns heran.

Elternsein als Schule

Bevor Sie Eltern wurden, lag vielleicht eine tolle Karriere vor Ihnen und Ihre Tage waren von mehr oder weniger spannenden Sitzungen und anderen Begegnungen erfüllt. Sie waren daran gewöhnt, Termine einzuhalten, einen von morgens bis abends durchgeplanten Tag zu haben und lange To-do-Listen abzuarbeiten. Sie arbeiteten bis spät in den Abend hinein und begannen Ihren Tag morgens in aller Frühe. Ihre Arbeit war manchmal wirklich stressig, und Sie konnten viel erledigen.

Dann bekamen Sie und Ihr Partner ein Kind. Sicherlich hörten Sie von klugen und erfahrenen Eltern aus Ihrem

Bekanntenkreis, dass Sie jetzt kaum mehr schaffen würden, als sich um Ihr Kind zu kümmern, jetzt würden Sie erst zu spüren bekommen, was Müdigkeit wirklich ist. Vielleicht dachten Sie da: »Na, die haben keine Ahnung, wovon sie reden.« Viel zu tun … Mussten die sich jemals in einem anstrengenden Beruf bewähren?« Und dann tauchte vor Ihrem inneren Auge eine Perlenkette voller schöner Tage auf, daheim mit Ihrem selig schlafenden Baby. Wenn Sie ein wenig länger in die Kristallkugel schauten, sahen Sie sich selbst, Ihren Partner und Ihr Kind im Spiel vertieft, und Sie redeten eifrig und lachten glücklich miteinander.

Denn Sie sahen garantiert nicht all die frustrierenden Situationen, die ebenfalls zum Elternsein gehören. Die schlaflosen Nächte, das fiebernde kranke Kind und sich selbst, krank vor Sorge. Den eigenwilligen Dreijährigen und den trotzigen Sechsjährigen. Den Achtjährigen, der sich in der Klasse außen vor fühlt und die Zwölfjährige, die hysterisch heult, weil sie die schweineteuren Jeans nicht bekommt. Vermutlich sahen Sie nicht einmal sich selbst – der/die Sie für gewöhnlich äußerst ausgeglichen sind –, wie Sie frustriert die Kaffeetasse an die Wand werfen. Ebenso wenig sahen Sie, wie Sie sich bei dem Streit mit ihrem fünfjährigen Kind verhalten, als wären Sie selber fünf.

Als unsere älteste Tochter geboren wurde, dachte ich, sie würde essen, schlafen, liegen und vergnügt strampeln. Ich hatte keine Ahnung, wie es ist, ein Kind zu haben. Dafür hatte ich aus den TV-Serien bestimmte Idealvorstellungen. »Dallas«, wo sich das Baby John Ross auf genau diese Weise verhält. Dann kam unser kleines Bündel auf die Welt – das ab Tag eins unaufhörlich schrie. Mein Mann und ich standen ratlos da. Wie wechselten Windeln, verabreichten Liebe und Essen, doch sie schrie immer weiter. Wir verstanden die Welt nicht mehr! Eines Tages brach ich aus heiterem Himmel zusammen und entdeckte, dass ich mir wünschte, sie wäre nicht mehr bei uns. Ist die Kaffeemilch aus? Buäääh ... War heute keine Zeitung da? Buäääh ...

ANNA-MARIA

Nicht alles lässt sich planen

Sie, die Leserin oder der Leser dieses Buches, haben vermutlich die besten Vorsätze: Sie wünschen sich nur das Beste für Ihr Kind. Eltern zu sein ist jedoch zeitweise ganz schön schwer, und nicht immer funktioniert alles, wie man es sich gedacht hatte. Bevor Sie Eltern wurden, waren Sie es wahrscheinlich gewohnt, Ihr Leben zu planen. Viele Menschen bekommen ihre Kinder immer später, und das bedeutet, dass immer mehr Menschen vor der Geburt ihres ersten Kindes bereits einige Jahre gearbeitet und vielleicht sogar Karriere gemacht haben. Oder Sie waren ein Mensch, der den Tag so nahm, wie er kam, und der es genoss, nicht richtig zu wissen, was geschehen würde. Das meiste regelte sich da von selbst, oder?

Als Sie Ihr erstes Kind erwarteten, verloren Sie plötzlich die Kontrolle, und die Schwangerschaft schritt mehr oder weniger von selbst voran. Und dann kam die Entbindung – auch dies eine Naturkraft, von der man sich lediglich mitreißen lassen kann.

Als ich unser zweites Kind erwartete, war mir gerade eine leitende Stelle angeboten worden. Mitten in der

Schwangerschaft bekam ich plötzlich Wehen, ich wurde immer erschöpfter von der Aufgabe, ganztags zu arbeiten und die Nachmittage und Abende eine werdende Mutter zu sein. In der 32. Schwangerschaftswoche hatte sich mein Muttermund drei Zentimeter weit geöffnet, und der Arzt riet mir zu liegen. Dennoch kehrte ich zurück zu meinem wichtigen Job und arbeitete weiter – schließlich hatte ich noch acht Wochen Zeit. Erst in der 37. Woche sah ich ein, wie unhaltbar diese Situation eigentlich war, und ließ mich krankschreiben. Endlich konnte ich mich aufs Bett legen und mich ausruhen, bis es so weit war. Eine Viertelstunde später setzte die Entbindung ein ... ANNA-MARIA

Schwangerschaft und Entbindung sind jedoch nur eine kleine Vorahnung davon, was noch kommen soll. Wenn Sie sich auf das Elternsein zubewegen, steht Ihnen etwas Großes und Umwälzendes bevor, dem Sie äußerst selten mit Geschick, Ausdauer, gutem Willen oder Wissen begegnen können. Denn selbst wenn für die meisten von uns ein Kind das größte Glück bedeutet, gibt es im Leben von Eltern ebenso Augenblicke großen Frusts. Manche Dinge lassen sich beeinflussen, andere wiederum nicht.

Falls Sie an der Vorstellung festhalten, das Leben müsse auf eine bestimmte Weise verlaufen, schaffen Sie damit Stress und Sorgen. Sie sind in Ihrem Körper nicht mehr »daheim« und hören daher auch nicht mehr die Signale Ihres Körpers. Und indem Sie die Signale Ihres Körpers ignorieren, schaffen Sie für sich selbst ein ganzes Stück unnötiges Leid – ganz abgesehen davon, dass Sie das Leben größtenteils verpassen.

Viele von uns haben seit ihrer Kindheit gelernt, »tüchtig« zu sein. Wir sind es gewohnt, Dinge zu regeln, und wir meinen, dass manche Signale unseres Körpers ein Zeichen von Schwäche sind. Schließlich wissen wir, dass wir es schaffen und dass wir mit mehr fertig werden, als wir glauben. Und wenn wir endlich beginnen, die Signale unseres Körpers ernst zu nehmen, ist oftmals schon zu viel Zeit verstrichen. Dies geschieht nicht selten, wenn wir in irgendeine Krise geraten, wenn wir ausgebrannt oder krank sind.

Wenn wir Eltern werden, hört unser gewohnter Referenzrahmen auf zu funktionieren. Wenn wir mit Kindern zu tun haben, gibt es keine Universallösung oder ein Quick-fix, das die Probleme lösen könnte. Es gibt keine Methode, die allen zu Schlaf verhilft oder das Fieber wegzaubert; ebenso wenig gibt es einen Bereitschaftsdienst, den man anrufen kann. Und wenn Sie nach der zehnten Nacht am Stück, in der Sie nicht schlafen konnten, übermüdet, verzweifelt, verängstigt, unruhig und wütend dastehen, funktionieren Sie nicht mehr wie jener zivilisierte Mensch, für den Sie sich immer gehalten haben.

Ich hatte mich ganz darauf eingestellt, dass sich mein Leben nicht verändern würde, wenn ich Mutter geworden bin, also lebte ich in voller Fahrt weiter und war ebenso gestresst wie frustriert. Meine Vorstellung vom Stillen funktionierte nicht, ebenso wenig wie meine Vorstellung davon, wie Babys sein sollten. Ich hatte auch eine Auffassung darüber, wie glücklich ich mit Kindern wäre, aber auch das funktionierte nicht. Mein Mann und ich stritten ständig darüber, wer gerade dran sei, und schließlich sagte das Leben: Stopp!

Mit der Zeit sah ich ein, dass es in Ordnung war, wenn sich das Leben ändert, und dass es sinnvoll war, ruhiger zu werden. Aber es fiel mir schwer zu akzeptieren, dass ich nicht die Mutter war, die ich hätte sein wollen.

Mithilfe der Achtsamkeit konnte ich freundlicher zu mir selbst und zu meinen Kindern werden. Keinem fällt es leicht zu akzeptieren, dass man so ist, wie man ist – aber es ist ein notwendiger Schritt im Leben. Ich bin nicht immer ruhig und geduldig, und auch nicht stets freundlich und konsequent, aber das ist o.k. so! Ich bin ehrlich, ich bitte um Verzeihung, und die Kinder wissen, dass ich sie liebe.   HEIDI

Das Familienleben – ein soziales Experiment?

Wenn Sie als Eltern bewusst leben, bekommen Sie die Chance, nicht in Ihre eigenen Reaktionsmuster zu verfallen und sich von ihnen beeinflussen zu lassen. Erst wenn Sie es wagen, die Kontrolle aufzugeben, und einsehen, dass Sie in der Tat nicht alles im Leben im Griff haben können, öffnen Sie sich für neue Möglichkeiten. Doch diese finden sich erst ein, wenn Sie die Kontrolle verlieren und das Leben akzeptieren, wie es ist: mitunter schwierig und mitunter herrlich! Wenn Sie sich bewusst machen, dass Sie in Ihrem eigenen Reaktionsmuster gefangen sind, können Sie dem Leben auf effektivere Art und Weise begegnen. Dann haben Sie mehr vom Leben und weniger vom Stress. Und Sie erkennen, dass das Leben auf viele verschiedene und nicht immer nur auf eine Art sein kann.

Als Anna-Maria in ihrer Arbeit als Reporterin für die Zeitschrift *Wir Eltern* eine Leserbefragung machen sollte, begegnete sie einer Frau, die von einem ganz gewöhnlichen Tag in ihrem Leben berichtete:

Mutter und Kinder befanden sich auf dem Weg zur Schule, und wie gewohnt hatte die Sechsjährige wieder Schwierigkeiten gemacht und war schlecht gelaunt. »Wir waren genau anderthalb Stunden wach, da hatte ich bereits mehrere Dinge gesagt, die ich inzwischen bereute. ›Dass du immer Ärger machen musst! Hättest du gefrühstückt, wärst du jetzt nicht so quengelig.‹ Sogar die artige große Schwester hatte sich eine Portion Schelte eingefangen.«

Auf dem Weg zur Schule jedoch begann die Mutter nachzudenken. Selbstverständlich lag die Verantwortung bei ihr als Erwachsene. Wenn es ihr schon den ganzen Tag in der Arbeit schlecht ging, weil sie sich im Streit getrennt hatten, wie konnte es da ihren Kindern gehen? Also nahm die Mutter ihre Elternverantwortung wahr, überwand ihren Stolz, und als sie in der Schule anlangten, hatte die kleine Gesellschaft wieder gute Laune. Die Mutter fühlte sich glücklich – und erwachsen. Doch genau in dem Augenblick, als die Tochter in ihr Klassenzimmer gehen wollte, drehte sie sich um und fauchte: »Aber du hast angefangen!«

Diese Mutter nutzte ihren Humor als Waffe, um ihren Alltag zu erleichtern. In der Zeit, in der es gerade passierte, war es natürlich überhaupt nicht lustig. Später aber wurde ausgerechnet dieser Morgen zu einer lustigen Geschichte, die sie ab und zu hervorkramen konnte, um darzustellen, wie sich der Alltag in einer ganz gewöhnlichen Familie abspielt.

Als Eltern meint man manchmal, man sei in einer Dokusoap oder in einem Film mit der versteckten Kamera gelandet oder man nehme unwissentlich an einem sozialen

Experiment teil, das zeigen soll, mit welchen Schwierigkeiten ein Mensch überhaupt fertig werden kann. In dem sozialen Experiment namens Familienleben passiert es, dass man die Geduld verliert, die Türen zuschlägt und Dinge sagt, die man nicht wirklich meint. Man könnte wirklich resignieren angesichts der Tatsache, dass man sich als Erwachsener manchmal wie ein Dreijähriger verhält.

Versuchen Sie, wenn es passiert, sich selbst mit Empathie und Akzeptanz zu begegnen. Danach können Sie überlegen, welche ungenutzten Entscheidungsmöglichkeiten Sie gehabt hätten. Waren Sie etwa müde und hatten unrealistische Erwartungen? Es ist nicht richtig, jemanden mit Schuld zu belegen. Viele von uns sagen ähnliche Sätze wie die frustrierte Mutter in unserem Bericht: »Dass du immer Ärger machen musst!« Wenn Sie aber erst einmal tief Luft holen, geben Sie sich selbst Zeit, der Situation nachzuspüren, und können besser entscheiden, wie Sie sich selbst verhalten möchten. Wie viel in dieser Situation handelt von Ihnen als Eltern und Ihrer eigenen Gereiztheit?

Vielleicht entscheiden Sie, lieber nichts zu sagen, oder wählen Ihre Worte, ohne Schuld zuzuweisen: »Ich merke, dass du müde und hungrig bist, und da wird man gerne sauer und wütend. Heute Abend gehen wir etwas früher ins Bett, und dann denke ich, wirst du es morgen besser in die Schule schaffen.« Die Mutter hätte ihrer Tochter ein Glas Fruchtsaft in die Hand drücken oder ihr ein Stück Brot in den Mund schieben können, um ihren Blutzuckerspiegel zu erhöhen und damit ihre Laune zu verbessern.

Der Gewinn, den Sie haben, wenn Sie auf diese Weise kommunizieren, liegt darin, dass Sie agieren und nicht verurteilen. Sie beobachten die Situation und gehen auf sie ein, und indem Sie sie betrachten und beschreiben, wie sie tatsächlich ist, fällt es Ihnen leichter, eine Lösung zu finden.

In einem von Heidis Wochenendkursen erzählte ein Vater, wie sein ältester, gut zweijähriger Sohn die neue Fotokamera der Familie gebadet hatte: »Ich war gerade dabei, die Windeln seines kleinen Bruders zu wechseln, da sagte der Große: ›Schau mal, Papa, schau mal!‹ Ohne einmal aufzuschauen, antwortete ich ihm: ›Ja, ganz toll.‹ Zwei Minuten später durfte ich unsere neue Kamera aus der Toilettenschüssel herausfischen«, erzählte der Vater resigniert. Er konnte allerdings – und nicht ohne einen gewissen Stolz – berichten, dass er nicht böse geworden war. Schließlich hatte sein Sohn zuerst »gefragt« und der Papa hatte ihm im Prinzip seine Einwilligung erteilt.

Das Leben akzeptieren

In unglaublich vielen Fällen wird die Geduld sämtlicher Familienmitglieder – großer wie kleiner – auf die Probe gestellt. Es macht Spaß, in einer Familie zu leben, aber es kann auch unendlich viel Geduld erfordern. Zuweilen hilft es zu denken, dass es jetzt nun mal gerade so ist, aber dass es vorbei geht – in zwei Sekunden, fünf Minuten oder zwei Stunden. Denn ebenso schnell wie diese Situation entstanden ist, ebenso schnell kann das Leben wieder erhellt werden von dem zahnlosen Lachen eines Babys – oder eines Siebenjährigen.

Als Anna-Maria ihr Buch *Alles was Sie über den Schlaf Ihres Kindes wissen wollten, aber zu müde waren zu fra-*

gen schrieb, traf sie sich mit vielen Eltern, die über das Nachtleben in ihrer Familie berichteten. Ein Vater erzählte von seinem Baby, das im ersten Lebensjahr so schlecht geschlafen hatte, dass die Eltern völlig erschöpft waren.

Sie hatten alle möglichen und unmöglichen Tricks ausprobiert und schließlich hatte er einen von Anna-Marias Artikel über Achtsamkeit und Elternsein gefunden, in dem Heidi schrieb, dass man manchmal entscheiden müsse, einen Tag nach dem anderen zu sehen – oder eben eine Nacht. Nachdem er den Artikel gelesen hatte, war der Vater mit seiner Frau übereingekommen, dass sie sich in Zukunft nur auf wenige Stunden einstellen sollten. Und das half ihnen, die ersten Monate mit ihrem Baby zu überstehen, ohne dabei wahnsinnig zu werden.

Wie man in Situationen wie dieser reagiert, bleibt jedem Einzelnen überlassen, aber es lohnt sich, über seine Entscheidung nachzudenken. Manche Menschen entscheiden sich dafür, das gesamte vorhandene Wissen zu sammeln, und versuchen anschließend, konstruktiv mit der Situation umzugehen. Man kann entweder eine bestimmte Methode oder einen Trick anwenden oder aber sein gesamtes Netzwerk an Tanten, Brüdern, Cousinen, Großeltern und Freunden anrufen und um Entlastung bitten. Oder aber man akzeptiert ganz einfach, dass die Situation gerade so ist, wie sie nun mal ist. Es kommen bessere Tage, aber im Augenblick ist es einfach schwierig. Zu akzeptieren, dass die Situation nun mal so ist, erfordert weniger Kraft, als wenn man versuchen würde zu ändern, was man vielleicht gar nicht ändern kann.

Achtsamkeit bietet Ihnen den Raum, den Schwierigkeiten, die das Elternsein mit sich bringen, etwas freundlicher zu begegnen. Es ist sehr leicht, über sich selbst und dem

Kind ein Urteil zu fällen. Vielleicht fühlt sich die Situation selbst höllisch an, wenn Sie sich aber zudem noch selbst oder das Kind mit Schuld oder Scham belegen, wird alles nur noch schlimmer.

Eltern mit Erwartungen

Zu ihrem vierzigsten Geburtstag bekam Heidi eine lang ersehnte Reise nach Plum Village in Frankreich geschenkt, wo der vietnamesische buddhistische Mönch und Friedensaktivist Thich Nhat Hanh lebt. Für seine Arbeit während des Vietnamkriegs wurde er von Martin Luther King für den Nobelpreis nominiert. Er hat sich in seinem Leben stark für Frieden und Mitgefühl eingesetzt.

> Ich war stolz, als meine Töchter Thich Nhat Hanhs Hand halten durften. Als sie später wieder herumsprangen, näherte sich eine von ihnen dem Mönch mit offenen Armen. Er lachte und streckte ihr seine geöffneten Arme entgegen, und mein Herz platzte beinahe vor Stolz. Da lief sie aber stattdessen auf ihre Freundin zu, die neben ihm saß. Sie hatte Thich Nhat Hanh abgewiesen! Für sie war er nur ein alter Mann, für sie war ihre Freundin viel wichtiger. HEIDI

Wir Eltern haben meist eine Fülle von Erwartungen an unsere Kinder und unser Familienleben. Diese Erwartungen täuschen uns, denn oft sind sie uns überhaupt nicht bewusst. Sie können davon handeln, dass wir unseren Kindern das geben möchten, was wir selbst nie bekamen, oder aber wir wollen ihnen genau das geben, was wir selbst bekamen. Erwartungen zu haben, ist ganz natürlich, wenn wir aber zu sehr an ihnen festhalten oder uns ihrer nicht bewusst sind, dann können sie uns Schwierigkeiten machen. Realistische Erwartungen hingegen tragen zur Entwicklung eines Kindes bei und stärken sein Selbstbewusstsein.

An einem meiner Kurse nahm eine Mutter teil, die viel Raum beanspruchte. Sie war eine erfolgreiche Unternehmerin mit einem umfangreichen sozialen Leben. Sie riss oft das Gespräch an sich, und die anderen Kursteilnehmer hatten es schwer, zu Wort zu kommen. Als sie schließlich gefragt wurde, weshalb sie sich für den Kurs angemeldet hatte, war sie zum ersten Mal für eine Weile still. Dann erzählte sie, sie habe eine neunjährige Tochter, die ganz anders sei als sie. Im Gegensatz zu ihr war die Tochter schüchtern und zurückgezogen, und ihr fehlte jeder Kampfgeist.

Die Mutter hatte jahrelang versucht, ihre Tochter zu ändern, damit diese mehr sei wie sie, nachdem sie jedoch einen Zeitungsartikel zum Thema Achtsamkeit las, hatte sie ein Aha-Erlebnis, ging direkt ins Internet und meldete sich zum Kurs an. Denn, so sagte sie: »Jetzt bin ich mir wenigstens bewusst, was ich die ganzen Jahre getan habe. Jetzt will ich nur noch danach trachten, sie so sein zu lassen, wie sie ist.« HEIDI

Die Mutter hatte eine steile Karriere hinter sich und wurde oft ausgewählt, in diversen Zusammenhängen die Interessen anderer zu vertreten. Sie war rhetorisch begabt und genoss es, gesehen zu werden. Für sie war es eine Selbstverständlichkeit, so zu sein, denn sie war als Kind schon so gewesen. Natürlich sollten ihre Kinder genauso werden, hatte sie sich gedacht. Aber selbst ein Baby ist schon ein eigenes Individuum mit einer eigenen Persönlichkeit.

Ein schüchternes und zurückgezogenes Kind zu pushen, ist im besten Fall etwas, das man in guter Absicht tut. Man denkt, ein kleiner Schubs nach vorne müsste ausreichen, damit sich das Kind ändert. Im schlimmsten Fall ist es etwas, das man ohne nachzudenken tut. Falls Sie selbst ein aktiver Mensch sind, der viel Raum einnimmt, halten Sie es ohne weiteres für selbstverständlich, dass alle anderen genauso sein sollen.

Es ist wichtig, sowohl sein Bauchgefühl als auch Vernunft und Fingerspitzengefühl zu nutzen. Pushen Sie Ihr Kind, um ihm zu helfen oder weil Sie sich selbst für das Maß halten, wie jemand zu sein hat? Wenn Sie zu sehr pushen, zeigen Sie Ihrem Kind, dass es, so wie es ist, nicht gut genug ist, und das kann dem Selbstwertgefühl eines jungen Menschen einen ganz schönen Knacks versetzen. Denn für ein zurückgezogenes Individuum ist es schwer, ja beinahe unmöglich, auf einmal sozial zu sein und sich nach außen zu wenden.

Was kann man also tun? Ja, für den Anfang wäre es wohl gut, darüber nachzudenken, welche Erwartungen Ihre Eltern an Sie hatten. Vergleichen Sie dann dies mit den Erwartungen, die Sie an Ihr eigenes Kind haben. Sind sie angesichts seines Alters realistisch und gerechtfertigt? Erwartungen lassen uns oftmals schnell und unnötig übertrieben reagieren. Wie schnell und wie übertrieben das geschieht, hängt davon ab, wie man uns selbst als Kind begegnet ist.

Als meine Töchter drei Jahre alt waren, nahm mich meine Karriere sehr in Anspruch. Ich war lange Zeit zu Hause gewesen und erlebte nun, dass ich geschrumpft, ja beinahe verschwunden war. Ich war nicht selten gereizt und fühlte mich gestresst und frustriert. Da las ich das Buch von Myla und Kabat-Zinn über achtsames Elternsein und sah ein, dass ich damit beginnen müsste, meine Kinder als kleine Individuen und nicht als Hindernisse in meinem Leben zu betrachten. Auf diese Weise wurde ich geduldiger und konnte meine Zeit mit ihnen mehr genießen. Heidi

Elternsein offenbart selbst unsere verschämtesten, innersten Gefühle und Eigenschaften. Teile von uns, von deren Existenz wir vor der Geburt unserer Kinder kaum wussten. Teile unserer Persönlichkeit, deren wir uns schämen und von denen wir uns auch nichts anmerken lassen wollen.

Seitdem ich mich immer mehr in Achtsamkeit geübt habe, habe ich gelernt, meinen schlechten Seiten mit Empathie zu begegnen und sie nicht zu verurteilen. Ich habe akzeptiert, dass ich auch diese Seiten habe, ohne dass mein ganzes Ich so wäre. Ich habe auch gelernt, dass Elternsein meine schönsten, meist liebevollen und verspielten Seiten widerspiegelt, an die ich mich gar nicht mehr erinnerte. Durch meine Kinder kann ich meine besten Seiten nutzen und kann dafür deren schönsten und meist echten Seiten widerspiegeln. Und ich denke dabei: Was für ein fantastisches Geschenk! Heidi

KAPITEL 3

Was brauchen Kinder wirklich?

»Kinder lernen aus dem,
was Erwachsene tun,
nicht aus dem, was sie sagen.«

CARL GUSTAV JUNG

Bei den täglichen Herausforderungen, die das Leben als Eltern mit sich bringt, kann es schön sein, etwas zu haben, irgendein Wertesystem oder eine Lebensphilosophie, worauf wir uns stützen können. In Verbindung mit achtsamem Elternsein sprechen wir gerne von der Absicht, die man mit seinem Elternsein verfolgt. Diese Intention gründet größtenteils auf das, was Sie als Kind bekamen oder nicht bekamen. Haben Sie mit Ihrem Elternsein eine klare Intention, dann hilft es Ihnen, eine Strategie zu entwickeln; und wenn Sie für sich herausbekommen haben, welche das ist, dann kann diese Strategie zu einer Art rotem Faden werden, nach dem Sie sich auch dann richten, wenn das Leben chaotisch ist.

Die Bedeutung der Intention

Heidis Kurse für achtsames Elternsein beginnen immer mit Gesprächen über die Intentionen der Eltern. Für die meisten von uns sind diese nicht ganz deutlich. Damit wir jedoch gegenwärtige, nicht verurteilende Eltern sind, ist es wichtig, dass wir wenigstens darüber nachdenken. Erst wenn Sie sich über Ihre Intention bewusst werden, können Sie bewusst wählen, wie Sie in verschiedenen Situationen handeln wollen, und müssen nicht aus den Erfahrungen Ihrer eigenen Kindheit heraus unbewusst reagieren.

Das muss nichts Anspruchsvolles sein. Für manche kann die Intention ganz einfach darin bestehen, dass ihre Kinder lernen, auf sich selbst und das eigene Bauchgefühl zu vertrauen. Für andere mag die Intention sein, dass ihre Kinder mit ihren Mitmenschen empathisch umgehen können. Eine andere Intention kann darin liegen, sich gegen eine Menge Aktivitäten am Abend zu entscheiden, und sich stattdessen um die Familie zu kümmern, eine andere darin, seinem Kind eine aktive Freizeit anzubieten, mit einem großen Angebot an Aktivitäten, aus denen es wählen kann.

Wenn Sie eine achtsamere Mutter oder ein achtsamerer Vater werden möchten, dann bedeutet das unter Umständen, dass Sie, statt abends Überstunden zu machen, damit Sie sich die teure Alpenreise leisten können, sich bewusst dagegen entscheiden und stattdessen zu Hause auf dem Sportplatz bleiben und einfach »da sind«. Oder umgekehrt: Vielleicht sind Sie als Kind niemals verreist und möchten Ihr Kind diese Erfahrung machen lassen. Solche Entscheidungen sind weder richtig noch falsch, aber damit alle in der Familie Freude haben können und damit Sie nicht in ein Hamsterrad von Müssen und Sollen landen, ist es sinnvoll, wenn Sie von Zeit zu Zeit kurz innehalten und über das Leben und Ihre Intentionen als Eltern nachdenken: »Will ich es denn wirklich so haben?« »Muss es denn unbedingt so sein?«

Wenn man sich in gewisse Muster verstrickt hat, kann man leicht meinen, es müsse genau so sein. Wenn Sie Ihre Intentionen durchdenken und sie mit dem Leben abstimmen, kann das wie ein Kompass wirken und Ihnen dabei helfen, wieder den richtigen Kurs aufzunehmen. Denn noch einmal: Sie haben immer die Wahl, Sie brauchen lediglich zu überlegen, wie Sie es wirklich haben wollen, und entsprechend zu handeln.

Damit Sie sich um sich und um Ihre Kinder optimal kümmern können, müssen Sie damit beginnen, sich um sich selbst zu kümmern. Und damit Sie ein guter Vater oder eine gute Mutter sind, müssen Sie ebenfalls damit anfangen, sich selbst kennenzulernen und sich an Ihre eigene Kindheit zu erinnern – das wussten schon die alten Griechen. Am Eingang zum Orakel von Delphi stand geschrieben »Erkenne dich selbst«. Um also die Weisheit des Orakels annehmen zu können, war es nötig, sich selbst zu kennen.

Der Einfluss der eigenen Kindheit

Ihre Kindheit prägt einen Großteil Ihres restlichen Lebens. Und was Sie als Kind erlebten, beeinflusst Ihre späteren Entscheidungen in ziemlich starkem Maße. Ebenso setzt das erste Zehntel Ihres Lebens einen Teil des Referenzrahmens, das heißt, es liefert Erfahrungen, die Ihnen helfen, auch im Erwachsenenalter verschiedene Ereignisse zu interpretieren. In der Kindheit wird der Grundstein für das Selbstwertgefühl und das Selbstvertrauen gelegt, das Sie als Erwachsener haben werden.

Kinder brauchen vor allem bewusste Eltern, die sich daran erinnern, wie es war, als sie selbst Kind waren. Da kann es sinnvoll sein, darüber nachzudenken, was Sie als Kind selbst bekommen oder nicht bekommen haben. Möchten Sie Ihrem eigenen Kind etwas davon geben? Indem Sie den Bezug herstellen zu der Art und Weise, wie Ihre eigene Kindheit Sie als Erwachsener beeinflusst, können Sie verhindern, negative Muster zu wiederholen. Sie können das, was Sie als Kind erlebt haben, in keiner Weise verändern, aber Sie können verhindern, dass es auch Ihrem Kind passiert. Folglich können Sie verhindern, bestimmte Verhaltensmuster zu wiederholen. Und dabei können Sie sie dennoch als Teil Ihrer Lebensgeschichte akzeptieren.

Der Gehirnforscher Daniel Siegel beschreibt in seinem und Mary Hartzells Buch *Gemeinsam leben und wachsen*, wie die Erlebnisse aus unserer Kindheit die Entwicklung unseres Gehirns beeinflussen. Da unser Gehirn niemals völlig zu Ende entwickelt ist, wird es von unserem Leben und unseren Erfahrungen selbst im Erwachsenenalter weitergeformt. Das Zusammenspiel zwischen Ihnen und Ihrem Kind ist auch für das Gehirn Ihres Kindes von Bedeutung. Die Art und Weise, wie Sie mit Ihrem Kind kommunizieren und ihm zuhören, hat Einfluss auf seine Entwicklung. Sie können dazu beitragen, dass sich das Kind sicher fühlt, indem Sie ihm zeigen, dass Sie es beachten – das ist auch in der Bindungstheorie ein wichtiges Thema.

Ausgerechnet wenn der Sturm am stärksten ist, haben Sie großen Nutzen davon innezuhalten, zu atmen und zu überlegen, was Ihnen in Ihrem Elternsein eigentlich wichtig ist: Wenn es am Wichtigsten ist, da zu sein, ein offenes Ohr zu haben und ein paar ermutigende Worte zu finden, dann ist es vielleicht nicht ganz so schlimm, dass die Fenster schmutzig sind, der Küchenboden verschmiert und die Wäsche noch nicht zusammengelegt ist.

Daniel Siegel schreibt auch, dass sich das Verhältnis zwischen Eltern und Kindern selbst im Erwachsenenalter noch ändern und weiterentwickeln kann. Kurz gesagt bedeutet dies, dass es niemals zu spät ist, eine positive Veränderung zu bewirken, selbst dann nicht, wenn das Kind schon erwachsen ist. Auch der Psychiater und Psychologe Ben Furman schreibt in seinem Buch *Es ist nie zu spät, eine glückliche Kindheit zu haben*, wie sich die Schwierigkeiten in der Kindheit zu etwas Positivem wandeln können.

Ihre Kindheit hat größtenteils Einfluss auf den Rest Ihres Lebens. Und das kann sich beispielsweise so äußern:

- Sie fassen den aktiven Entschluss, niemals so zu sein, wie Ihre Eltern (und hören sich später, wenn Sie mit Ihren eigenen Kindern reden, dennoch wie das Echo Ihrer Mutter oder Ihres Vaters an).
- Wenn Sie Kinder bekommen, hoffen Sie, so zu sein wie Ihre Eltern.
- Sie denken nicht viel über das Ganze nach. Würde man jedoch Ihr Elternsein gründlich untersuchen, könnte man in den von Ihnen getroffenen Entscheidungen dennoch Spuren Ihrer eigenen Kindheit entdecken.

Selbstverständlich kann es auch zu einem Cocktail aus den drei oben genannten Varianten kommen. Um aber das richtige Rezept zu finden, ist es wichtig, dass Sie sich dessen bewusst sind, was in Ihrem Inneren geschieht, dass Sie die Situation, in der Sie sich befinden, erfassen und über Ihre Entscheidungsmöglichkeiten Bescheid wissen.

An einem Kurs zum Thema Achtsamkeit und Elternsein nahm ein Vater teil, der erzählte, dass er als Kind ein viel versprechendes Leichtathletik-Talent gewesen war:

Da sich meine Eltern nicht besonders für mein Training engagierten, konnte ich meine Fähigkeiten nie ganz entwickeln. Mein eigener Sohn, der jetzt zehn Jahre alt ist, macht auch gerne Sport und ich gebe mir redlich Mühe, mich »im richtigen Maße« zu engagieren, so dass er sein Talent entwickeln und ausbilden kann.

Der Vater hatte über seine eigene Kindheit nachgedacht und war enttäuscht, dass er nie eine richtige Chance bekommen hatte zu zeigen, was in ihm steckte, weil sich seine Eltern zu passiv verhielten. Jetzt war er selbst Vater und wollte es anders machen. Er wollte für seinen Sohn da sein, ihn fördern und versuchen, mit ihm das Interesse für den Sport zu teilen.

Er hatte sich also für eine Mischung aus den ersten beiden Varianten entschieden. Er war sich dessen, was er in seiner Kindheit vermisst hatte, wohl bewusst, war sich aber ebenso klar darüber, dass er von seinen Eltern auch bestimmte Chancen bekommen hatte. Diese Erfahrungen halfen ihm, in seinem Vatersein eine klare Intention zu entwickeln: Er wollte für seinen Sohn da sein und ihn anspornen.

Eine andere Intention kann darin liegen, sich gegen etwas aus Ihrer Kindheit zu entscheiden. Eine Frau erzählte uns, wie ihre Eltern ständig davon redeten, dass sie sich verschiedene Dinge nicht leisten konnten. »Nein. Hast du eine Ahnung, was das kostet? Das ist unmöglich!«, war ihre Standardantwort auf jeden ihrer Wünsche.

> Schon als ich mit meinem ersten Kind schwanger war, schwor ich mir hoch und heilig, ich würde meinen Kindern nie verraten, dass ich mir etwas nicht leisten konnte, selbst wenn es tatsächlich einmal so sein sollte. Ich beschloss, niemals diesen Grund anzugeben, damit sie niemals Verantwortung oder Scham darüber empfinden müssten, dass ihre Mutter oder ihr Vater sich etwas nicht leisten kann. MUTTER ZWEIER KINDER

Sie beschloss also schon frühzeitig, die Taktik ihrer Eltern nicht zu wiederholen, ganz gleich, ob diese sich tatsächlich etwas nicht leisten konnten oder ob sie auf die Finanzen lediglich verwiesen, um Streitgespräche mit den Kindern zu vermeiden. Für die Tochter war die Erfahrung, »sich etwas nicht leisten zu können«, so negativ, dass sie ihre eigenen

Kinder nicht derselben Situation aussetzen wollte. Mag sein, dass sie ihre Entscheidung zuweilen dazu bringt, lügen und die Schuld auf etwas anderes als Geldmangel schieben zu müssen, aber sie hat sich dafür entschieden, dass die Kinder keine Verantwortung für die ökonomische Situation der Familie tragen sollen.

Meine Schwestern und ich hatten gute Eltern und eine schöne Kindheit mit Erfolgen und Misserfolgen wie die meisten anderen Kinder. Mutter und Vater waren beide Lehrer und typische Mittelschichtschweden. Seit der Geburt von uns Kindern und bis wir von zu Hause auszogen, lebten sie im selben Backsteinhaus. Und die Familie verbrachte sämtliche Sommerferien auf Mallorca.
Jetzt bin ich bald vierzig und selbst ausgebildete Lehrerin – wie mein Mann auch –, und wir wohnen in einem Backsteinhaus aus den 70er Jahren. Wir sind gute Eltern und erwarten unser drittes Kind. Sagte ich bereits, dass wir in den Ferien nach Mallorca fliegen?

MUTTER VON BALD DREI KINDERN

Das obige Szenario ist nicht ganz ungewöhnlich. Für die meisten bildet die Art und Weise, wie wir aufwachsen, einen Referenzrahmen dafür, wie das Leben »zu sein hat«. Dies tragen wir unbewusst mit uns herum. So lange in der Familie alles gut funktioniert, fällt es uns ganz leicht, in dieselben alten Spuren zu treten. Die Mutter in der oben beschriebenen Familie ist sich des Lebensstils ihrer Familie bewusst und kann ihn mit einem mehr oder weniger humorvollen Blick betrachten.

Bedeutend schwerer wird es, wenn die Rollen der Eltern miteinander kollidieren. Kein Vorbild aus der Kindheit zu haben, kann für viele junge Eltern ein Problem darstellen. Es mag sich dabei um einen Vater handeln, der sein erstes Kind erwartet und ganz einfach einen Referenzrahmen von seinem eigenen Vater als einen präsenten Vater vermisst.

Unzählige Männer in den 60er, 70er und 80er Jahren engagierten sich überhaupt nicht in die Erziehung ihrer Kinder. Deshalb haben ihre Söhne, wenn sie selbst Vater werden, niemanden, mit dem sie sich identifizieren oder von dem sie lernen können, und selbst wenn die Intention ihrer Söhne darin besteht, aktive, präsente und engagierte Väter zu sein, kann es schwierig werden. Auch hier kann es daher hilfreich sein innezuhalten, darüber nachzudenken, was man mit seinem Elternsein eigentlich beabsichtigt, und seinem Bauchgefühl das Steuer zu überlassen.

Ebenso können Schwierigkeiten auftreten, wenn zwei Menschen, die völlig unterschiedlich erzogen wurden, eine Familie gründen. Vielleicht ist der eine daran gewöhnt, dass man sich innerhalb der Familie einander hilft, und setzt diese Hilfe als selbstverständlich voraus, während es für den anderen ganz und gar keine Selbstverständlichkeit ist, in Familienangelegenheiten einander zu helfen.

Eine Frau erzählte in einem von Heidis Kursen, dass ihr Vater die Familie verließ, als sie fünf Jahre alt war. Nach der Scheidung trafen sie sich ein paar Mal im Monat, aber zwischen ihnen entwickelte sich keine Vater-Tochter-Beziehung, etwas, das sie als Kind sehr vermisste. Zu Hause hatten sie aus verständlichen Gründen eine Art »Frauen-können-alles«-Mentalität und ihre Mutter trichterte ihren Kindern ein, dass es keinen Kerl braucht, damit daheim alles funktioniert. Die Mutter arbeitete, kümmerte sich um drei Kinder, tapezierte und sorgte dafür, dass Essen auf den

Tisch kam. Was sie – selbstverständlich – nicht leisten konnte: Sie konnte nicht illustrieren, wie eine Paarbeziehung aussehen kann. Sobald im Fernsehen oder in einem Buch eine Liebesszene auftauchte, bezeichnete sie sie als »Quatsch«.

Als ihre Tochter später einem Mann begegnete und mit ihm Kinder bekam, hatte sie keine Ahnung davon, wie man in einer funktionierenden Paarbeziehung lebt. Sie hatte nur aus der Entfernung gesehen, wie sich erwachsene Menschen in einer Beziehung verhalten. Wie lässt man sich im Alltag helfen, wenn man immer nur gehört hat: »Das kann ich selbst!«? Schließlich ergriff ihr Mann keinerlei Initiative mehr, um im Haushalt zu helfen. Sie war ihm ja ohnehin immer einen Schritt voraus und schaffte alles selbst.

Die Kinder schützen

Viele Kinder- und Elternpsychologen sind der Meinung, Kinder benötigten, um sich zu entwickeln, einen gewissen Widerstand. Vor einigen Jahren, zu Beginn des neuen Jahrtausends, stand die so genannte Curling-Debatte auf ihrem Höhepunkt. Der vom dänischen Psychologen Bent Hougaard geprägte Begriff meint, dass die heutige Elterngeneration ihren Kindern die Bahn frei fege, also curle, damit die Kinder keinen Schwierigkeiten begegnen müssen.

Es mag aber auch sein, dass dieses intensive Curlen darauf zurückzuführen ist, dass viele Eltern nicht mit dem Schmerz ihrer Kinder konfrontiert werden möchten. Wir halten die Wut oder die Traurigkeit unserer Kinder nicht aus, weil wir in unsere Interpretation eigene Erfahrungen hineinlegen. Wir vermischen Gefühle aus unserer eigenen Kindheit mit den Erlebnissen unserer Kinder und identifizieren uns mit ihnen.

Das Curlen geschieht aus einer fehlgeleiteten Sorge um unsere Kinder. Wir möchten sie vor allem möglichen Elend und allen Schwierigkeiten bewahren. Am liebsten würden wir ihre Probleme lösen, noch bevor sie entstehen. Doch dabei laufen wir Gefahr, unser eigenes Päckchen an Unwohlsein auf unsere Kinder zu übertragen. Wir identifizieren uns so stark mit unseren Kindern, dass sich unsere eigenen Erfahrungen mit ihren Erlebnissen vermischen.

Eines Tages kam eine meiner Zwillingstöchter aus der Schule und zeigte mir ein Bild, auf dem ein Kind mit Tränen im Gesicht zu sehen war. Sie hatte es an einem Tag gemalt, als alle Kinder neben ihrer Zwillingsschwester sitzen wollten, aber keines sich zu ihr setzte. Da überkamen mich sämtliche Gefühle, die ich hatte, wenn ich selbst als Kind zurückgewiesen wurde.

Mit Hilfe der Achtsamkeit versuchte ich, nicht in meine gewohnten Reaktionsmuster zu verfallen. Ich fragte sie, ob sie mir mehr darüber erzählen wollte, wie sie sich da gefühlt habe, und ob sie sich selbst jemals geweigert habe, neben einem bestimmten Kind in ihrer Klasse zu sitzen. Wie hatte sie sich dabei gefühlt? Darauf antwortete sie, dies würde manchmal passieren, was aber nicht bedeutete, dass sie dieses Kind nicht mochte, bloß weil sie mal alleine sein wollte. Danach war ich richtig stolz, dass ich es geschafft hatte, das Problem ihr überlassen zu haben und ihr die Chance gegeben hatte, selbst zu sehen, was sie davon hält. HEIDI

Selbstverständlich möchten wir unsere Kinder vor allem schützen, was ihnen wehtun könnte – angefangen beim strengen Kita-Personal, über gemeine Spielgefährten, unglückliches Verliebtsein, Bauchschmerzen –, ja, vor allem. So funktionieren wir als Eltern, denn die Liebe zu unseren Kindern ist die größtmögliche Liebe überhaupt.

Wenn wir aber vor ihren Füßen kehren, vergessen wir, dass wir ihnen damit die Chance nehmen, ihre Probleme selbst zu lösen. Wir bringen sie um ihre Fähigkeit, die Initiative zu ergreifen, und um ihr Selbstwertgefühl. Früher oder später treten sie ins Erwachsenenalter ein, und da liegt es zu einem großen Teil an uns, ob sie ein Problemlösungs-Kit für die Wirklichkeit besitzen oder nicht. Ebenso liegt es an uns, ob sie als Kinder bestärkt und gesehen wurden; und ob wir ihnen beigebracht haben, dass nicht alle Probleme gelöst werden müssen oder können.

In einem Kurs erzählte eine Mutter, wie sie schon als Kind in einen Wattesack an Fürsorge gepackt worden war. Was sie auch immer wollte oder tat – ihre Eltern waren immer zur Stelle, immer einen Schritt voraus, damit alles seine Richtigkeit hatte. Alles geschah natürlich in bester Absicht, und das hatte sie als Erwachsene auch verstanden. Ebenso konnte Sie aber erzählen, wie dieses Verhalten dazu geführt hatte, dass sie lange Zeit nicht wusste, wie sie ihre Probleme lösen sollte.
Als sie aufs Gymnasium kam, waren ihre Eltern nicht da, und sie hatte keine Ahnung davon, wie sie mit Konflikten oder schwierigen Situationen – wie sie im Leben eines jeden Menschen auftreten – umgehen sollte. Ihre eigenen Kinder durften schon frühzeitig in der Familie mithelfen, bekamen jedoch auch Unterstüt-

zung, damit sie ihre kleinen Probleme im Alltag lösen lernten.

Was haben wir Menschen für Bedürfnisse?

In den 1940er Jahren entwickelte der amerikanische Psychologe Abraham Maslow seine berühmte Bedürfnispyramide. Zwar wurde sie mit den Jahren wieder in Frage gestellt, da sie aber deutlich und leicht verständlich ist, denken wir, ist es gut, mit Hilfe dieser Pyramide zu illustrieren, welche Bedürfnisse Erwachsene und Kinder haben. Die Idee hinter diesem Konstrukt ist: Jede Stufe muss erfüllt werden, damit man weiter kommen kann. Die erste Stufe ist also etwas, was wir alle erreichen müssen, um zu überleben. Die fünfte Stufe dagegen müssen wir erreichen, damit es uns richtig gut geht, aber wir können überleben, ohne sie erreicht zu haben.

Auf der ersten Stufe liegen unsere physiologischen Bedürfnisse, mit anderen Worten vor allem Essen, Wasser, Sauerstoff und Schlaf. Auf der zweiten Stufe befindet sich die Sicherheit. Bei der dritten geht es um Gemeinschaft, Freundschaft und Kommunikation und bei der vierten um Anerkennung. Auf der fünften und letzten Stufe liegt die Selbstverwirklichung, etwas das man auskosten kann, wenn man die anderen vier Stufen erreicht hat.

Sauerstoff bekommen wir glücklicherweise jeden Tag, und auch Nahrung und Wasser stellen hier im Westen kein Problem dar. Ebenso kommen die meisten von uns zu genügend Schlaf. Aber bereits schon die zweite Stufe erreichen nicht alle Kinder, so zum Beispiel diejenigen, die in ihrer Familie missbraucht werden oder die in Familien aufwachsen, wo physische und psychische Gewalt vorkommt. Wenn sie Glück haben, werden sie etwas finden, dass das Negative in ihrem Leben aufwiegt. Viele Psychologen sind der Meinung, eine einzige Person in der Umgebung des Kindes, die das Kind sieht und ihm Sicherheit gibt, sei bereits ausreichend. Das kann eine Lehrerin, ein Nachbar oder die Eltern von Freunden sein.

Bei uns zu Hause herrschte ein ziemliches Durcheinander. Meine Mutter hatte Depressionen und mein Vater war selten daheim. Keiner kümmerte sich darum, dass Essen auf den Tisch kam oder dass ich saubere Kleider hatte, keiner sagte mir, wann ich duschen sollte oder wann ein Schulausflug anstand. Darauf musste ich selbst achten.

Während meine Mutter daheim saß und weinte, herrschte bei meiner besten Freundin immer Bullerbü-Stimmung. Ich versuchte, so oft ich konnte, dort zu sein und Wärme zu tanken. Und wenn es Zeit war, nach Hause zu gehen, nahm ich ein bisschen Wärme mit. Als Erwachsene verstehe ich, wie wichtig es für mich war, bei meiner besten Freundin und ihrer Familie daheim sein zu können. Das gab mir den nötigen Treibstoff, um das Leben in einer kaputten Familie zu meistern.

MUTTER EINES VIER MONATE ALTEN JUNGEN

Ebenso erschließt sich die dritte Pyramidenstufe – Gemeinschaft – nicht allen. Aber auch hier verhält es sich wie bei der zweiten: Es reicht, wenn man in wenigstens einem Bereich Gemeinschaft hat. Was weiter unten erzählt wird, kann denjenigen Eltern ein Trost sein, deren Kinder in der Schule einen schlechten Umgang haben. Vielleicht können sie in schweren Zeiten darauf achten, dass ihr sozialer Umgang so oft wie möglich außerhalb der Schule liegt. Ein anderer Vorschlag wäre, das Kind zu einem Kurs anzumelden, in den andere Kinder als die in der Schule gehen.

> Obwohl ich in der Schule gemobbt wurde, schaffte ich es, mein Selbstwertgefühl zu erhalten – insbesondere weil wir daheim eine wunderbare Gemeinschaft hatten und weil ich außerhalb der Schule ein paar Freunde hatte, die mich so mochten, wie ich war. Ich weiß nicht genau, wie meine Mutter und mein Vater es anstellten, aber ich musste kein einziges Mal an dem Gefühl zweifeln, etwas wert zu sein, oder daran zweifeln, dass es Menschen um mich gab, denen ich wichtig war. Die Pappnasen in der Schule konnten machen, was sie wollten – das spielte keine allzu große Rolle. Das wirkliche Leben, das, was etwas bedeutete, ereignete sich zu Hause, wenn es zum Schulschluss geklingelt hatte.
>
> VATER EINES EINJÄHRIGEN SOHNES

Man sollte die Wertschätzung auf der vierten Stufe nicht mit Lob verwechseln. Viele Kinderpsychologen sind der Meinung, mit Lob müsse man vorsichtig umgehen, denn Kinder könnten leicht daraus schließen, dass sie etwas leisten müssen, um geliebt zu werden. Wertschätzung dagegen ist etwas vollkommen anderes. Man bekommt sie für das, was man ist, nicht für das, was man tut. Das kann durchaus bedeuten, dass Sie nicht gleich in routinemäßigem »Das ist aber schön!« ausbrechen, wenn Ihr Kind mit einem selbst gemalten Bild ankommt.

Stattdessen können Sie Ihr Interesse zeigen, indem Sie Fragen stellen: »Wie kamst du darauf, diese Farbe auszu-

suchen?« »Da hast du dir aber richtig Mühe gegeben.«
»Daran musstest du sicherlich lange arbeiten, oder?« »Erzählst du mir etwas zu diesem Bild?« »Bist du damit zufrieden?« Auf diese Weise teilen Sie das Erlebnis mit Ihrem Kind, statt ihm zu zeigen, wie wichtig es ist, Leistung zu erbringen.

Die Selbstverwirklichung auf der fünften Stufe ist etwas, dass wir uns in den Industriestaaten leisten können. Wir reden viel von unserer Selbstverwirklichung; davon, dass wir das eigene Ich zur Entfaltung bringen wollen, wie wir es in etwa in den Lexika lesen können. Für Kinder, denen es gut geht und die sich sicher fühlen, dürfte das kein Problem darstellen.

Kinder können sich stundenlang mit etwas beschäftigen, was sie interessiert. Ein Kind, dem es gut geht und das sich seines Werts sicher ist, braucht sich keine Gedanken darüber zu machen, was andere über das denken, womit es sich beschäftigt.

Wir haben erwähnt, welche Bedeutung unsere eigene Kindheit für den Rest unseres Lebens hat. Aber die Kindheit ist nicht alles. Wenn unsere Kindheit vorbei ist, liegt noch eine Menge Leben vor uns. Glücklicherweise, sollte man vielleicht sagen. Denn wie viel Prozent der Menschheit haben eine durchgehend glückliche und harmonische Kindheit hinter sich? Wichtig ist, dass wir wissen, die Kindheit beeinflusst uns. Erst dann können wir nämlich aus unseren Erfahrungen einen Nutzen ziehen und die Eltern werden, die wir sein wollen.

Vielleicht muss die Kindheit gar nicht einmal durch und durch glücklich und harmonisch verlaufen. Vielleicht müssen wir einige Rückschritte erleben, damit wir uns entwickeln und zu empathischen Menschen werden können, die

die Fähigkeit besitzen, Probleme zu lösen. Vielleicht lernen wir erst dann, das Leben zu schätzen.

Mein Vater zog aus, als ich zehn Jahre alt war, und meine Mutter zog mich und meine Schwester alleine auf. Das bedeutete, dass wir auf viele Dinge verzichten mussten, die für unsere Freunde selbstverständlich waren. So konnten wir es uns beispielsweise nur selten leisten, Urlaub zu machen. Wenn ich aber zurückdenke, habe ich dennoch eine Menge schöner Erinnerungen. So zum Beispiel, als meine Mutter ein Zelt auslieh, das Auto voll lud und wir für einige Tage nach Bohus Malmön fuhren. Dort badeten wir und sonnten uns und abends hörten wir im Liegen Transistorradio. Es war so gemütlich und gleichzeitig so spannend!
Manchmal erzähle ich meinen Töchtern von diesen Ferien und da werden sie richtig neidisch. Da frage ich mich, ob sie unsere Ferien in Frankreich oder unsere Aufenthalte in der Sommerstuga mehr schätzen als wir unsere Zeltferien auf Bohus Malmön im Sommer 1980?

ANNA-MARIA

Zeige dein wahres Ich

Viele Kinder- und Jugendpsychologen meinen, kleine Kinder spürten instinktiv, wenn Eltern lügen oder ihnen etwas vorspielen. Der dänische Familientherapeut Jesper Juul schreibt viel zu diesem Thema und darüber, dass eine der wichtigsten Aufgaben von Eltern darin liege, wahrhaftig oder authentisch zu sein. Wenn Sie traurig sind, ist es in Ordnung, es zu zeigen, »obwohl« Sie Mama oder Papa sind. Wenn Sie mit Ihrem Partner streiten, ist es in Ordnung zu schimpfen, auch wenn das Kind es hört, und wenn Sie wütend sind, ist es in Ordnung, ab und zu einen Ausbruch zu haben.

Denn wie Jesper Juul sagt: »Es ist gut, wenn Kinder sehen, dass man versucht, mit der Situation etwas zu machen, dass man nicht versucht zu tun, als wäre nichts.« Wenn Sie nämlich Ihr wahres Ich und Ihre wirklichen Gefühle zeigen, kann Ihr Kind darauf vertrauen, dass Sie aufrichtig sind und das, was Sie sagen, auch meinen. Und wenn Sie zeigen, wie Sie sich fühlen, zeigen Sie ebenso, dass man so sein darf, wie man ist, dass man keine Maske aufziehen und keine Rolle spielen muss.

Einige Eltern nehmen ihre Rolle als Mutter oder Vater so ernst, dass sie erst aufatmen und entspannen können, wenn das Kind abends im Bett liegt. Solange das Kind wach ist, haben sie ein perfektes Erscheinungsbild, legen eine unendliche Geduld an den Tag und sind bis in die Fingerspitzen hinein pädagogisch. Eine solche Fassade lässt sich jedoch nicht lange aufrechterhalten. Das macht das Elternsein langweilig und unnötig schwer, bis es sich wie eine Zwangsjacke anfühlt.

Genau dieses meinen wir, wenn wir von Authentizität reden. Sie sind die Eltern, die Sie sind, und ändern nicht Ihre Persönlichkeit, bloß weil Sie Kinder bekommen. Das bedeutet, dass Eltern, die von Anfang an ziemlich tolerant sind, nicht plötzlich damit anfangen, Grenzen zu setzen, nur weil das gerade *in* ist. Als Eltern wissen Sie am besten, was zu tun ist. Sie wissen, was Ihnen gut tut, und wissen, was Ihrem Sohn oder Ihrer Tochter gut tut!

Eine friedliebende Frau, die das Strenge-Mama-Gewand anzieht und beginnt, ihr Kind zu maßregeln, wird dabei mit

Sicherheit nicht glücklich. Und das Kind wird bald merken, dass die Mutter eine Rolle spielt. Es besteht auch die Gefahr, dass das Kind es nicht wagt, Ihnen zu vertrauen, dass es verunsichert ist und nicht recht weiß, wer Sie eigentlich sind. Ebenso wird sich eine strenge Frau, die feste Regeln liebt und sich das Lockere-Mama-Gewand überwirft, nicht echt anfühlen. Und das Kind wundert sich.

Kein Laden dieser Welt verkauft Elternkostüme »one size fits all«. Nein, jede Mutter und jeder Vater hat sein eigenes Kostüm, das auf die entsprechende Persönlichkeit zugeschnitten ist. Eltern, die hundertprozentig konsequent sind, haben bereits ihr Kostüm ausgesucht, und genauso haben es die verhandlungsbereiten Eltern getan. Wichtig ist es, dass Sie authentisch sind, Sie selbst, auch wenn Sie Mutter oder Vater geworden sind. Es ist weder wünschenswert noch besonders intelligent zu versuchen, Ihre Persönlichkeit zu verändern, bloß weil Sie jetzt Eltern sind. Vor allem aber haben Kinder ein phänomenales Gespür dafür zu erkennen, wenn jemand lügt oder nur eine Rolle spielt.

Das Wichtigste an diesen Überlegungen ist: Keinem geht es gut, wenn Sie eine Rolle spielen. Sie sind so, wie Sie sind, Ihr Kind ist so, wie es ist, und Sie leben in einer Familie. Sie sind alle einzigartig und es gibt keine Vorlage, die Ihnen perfekt passt oder Ihnen besser passt als diejenige, die Sie sich selbst geschaffen haben.

Als Eltern können Sie nicht so tun, als ob; denn Kinder merken rasch, ob Sie in Ihren Gefühlen echt sind oder nicht. Ich erinnere mich da an den Jungen, der in einem Fernsehinterview gefragt wurde, wie er es fand, mit seinen Eltern zu spielen. Es sei nichts Besonderes, meinte er. Da fragte der Reporter etwas überrascht, weshalb es so empfinde. »Weil sie sich anstrengen und so tun, als fänden sie es lustig, obwohl sie eigentlich meinen, es ist langweilig«, erwiderte der Junge unmittelbar.

Genauso ist es, wenn Sie mit etwas beschäftigt sind, das Sie zu Ende bringen möchten, wie z. B. mit einer Tischlerarbeit, und Ihr Achtjähriger kommt und wünscht, dass Sie zusammen lesen oder sich eine Theatervorstellung anschauen, die er und der Nachbarsjunge eingeübt haben. Da können Sie ruhig sagen: »Jetzt passt es mir gerade nicht, weil ich das hier fertig machen möchte, aber in einer halben Stunde komme ich gerne.«

Wenn Sie Ihre Arbeit abbrechen und sich unwillig hinsetzen, um aus einem Buch zu lesen, eine Theatervorstellung anzuschauen oder auf Schatzsuche zu gehen, sind Sie nur dabei, weil Sie müssen. In Ihren Gedanken sind Sie immer noch bei dem, womit Sie sich vorher beschäftigt haben. Da ist es sowohl Ihnen selbst als auch dem Kind gegenüber ehrlicher zu sagen, dass Sie Zeit brauchen, bis Sie wirklich zuhören und genießen können, was Ihnen Ihr Kind zeigen möchte.

Kindern tut es gut zu sehen, dass auch ihre Mutter und ihr Vater eigene Bedürfnisse und einen eigenen Willen haben. Und erst wenn Sie zeigen, was Sie möchten oder wie es Ihnen geht, versteht Ihr Kind, dass es zulässig und gesund ist, einen eigenen Willen und einen ganz und gar eigenen Humor zu haben. Auf diese Weise können Sie Ihrem Kind ein gesundes Vorbild sein. Sie zeigen ihm, dass es in Ordnung ist, wütend oder traurig zu sein, und dass es keine verbotenen Gefühle gibt. Indem Sie Sie selbst sind und nicht versuchen so zu sein, wie Sie meinen, dass Eltern sein sollten – pädagogisch, ruhig und geduldig –, sind Sie echt und authentisch.

Bauchgefühl oder eingeübte Muster?

Junge Eltern stehen plötzlich auf wackeligen Beinen da – ohne irgendwelche Referenzrahmen oder Universallösungen für die verschiedenen Situationen. Plötzlich können sie nur sich selbst, ihrem Bauchgefühl und ihrem eigenen Kind vertrauen. Der eigene Elterninstinkt reicht häufig lange aus, wenn es darum geht, alltägliche Schwierigkeiten und Konflikte, in die Sie als Eltern geraten, zu lösen. Elternexperten haben gelernt, auf die Kraft dieses Instinkts zu vertrauen; und ebenso haben viele Eltern erkannt, dass sie sich auf ihr eigenes Gefühl verlassen können, wenn es um das Kind geht. Dennoch kann man das nicht immer machen. Manchmal ist es nämlich schwer, zwischen dem Bauchgefühl und den Gefühlen zu unterscheiden, die sich im Laufe der Zeit aufgrund von eigenen Erfahrungen angesammelt haben.

Wir hatten einige Jahre in Afrika gelebt, und ich war sieben, als wir nach Schweden zurückkehrten. Da kam ich also – freudig und offenherzig – und hatte noch nie von Marken-Jeans oder Abba gehört und immer nur auf Englisch gespielt. Außerdem hatte ich rote Haare und Sommersprossen. Da ich in den ersten Jahren in der Schule gemobbt wurde, reagiere ich unmittelbar, wenn eines meiner Kinder auch nur die leiseste Andeutung macht, dass es irgendwo »nicht mitmachen durfte«. Mit der Zeit habe ich jedoch erkannt, dass es die achtjährige Anna-Maria ist, die aus dieser Erfahrung heraus den Bericht ihrer Kinder interpretiert. Indem ich einen Schritt zurücktrete, kann ich die Wirklichkeit meiner Kinder sehen und nicht meine eigene. ANNA-MARIA

Natürlich ist es wichtig, auf Ihr Bauchgefühl zu hören, aber dieses kann gestört sein, wenn Ihr Kind beispielsweise schwer erkrankt ist. Dann kann es leicht passieren, dass Sie in Zukunft bestimmte Situationen, die dieses Kind betreffen, nicht klar interpretieren können. Häufig sehen Sie dann auch in undramatischen Situationen Katastrophenszenarien vor Ihrem inneren Auge und sind oft etwas überängstlich, wenn es um dieses Kind geht.

Auch Müdigkeit kann es Ihnen erschweren, Lösungen für diverse Probleme zu finden. Wie sollen Sie Ihrem Kind auch helfen können, wenn es sein Essen verweigert und Sie in den letzten Monaten wegen Ihres Babys sieben Mal pro Nacht aufwachen mussten? Es fällt einem schwer, kreative Lösungen zu finden, wenn man zum Umfallen müde ist. In einer solchen Situation eine wichtige Entscheidung treffen zu wollen, ist sinnlos.

Deshalb sollten Sie alles dafür tun, einige Stunden Schlaf zu bekommen. Durchsuchen Sie Ihr Netzwerk: Gibt es da jemanden in Ihrem Bekanntenkreis, der Sie für wenigstens ein paar Stunden entlasten könnte? Können Sie sich nachts eventuell mit Ihrem Partner abwechseln?

Ehrliche Gefühle

Irgendwann zwischen unserer Kindheit und dem Leben als Erwachsene lernen wir, uns an die unterschiedlichsten Situationen anzupassen. Wir lernen, uns in der Schule anders zu verhalten als daheim und dort anders als im Beruf. Kleine Kinder jedoch sind sie selbst, unabhängig davon, ob nur die Mutter oder der Vater in der Nähe sind oder ob ein richtiger König neben ihnen steht. Erst ein älteres Kind merkt, dass man sich in verschiedenen Situationen auch unterschiedlich verhalten muss.

Wenn ein zweijähriger Junge, das Bedürfnis hat zu schreien oder zu weinen – nun, dann tut er es eben. Ganz gleich, ob Sie sich gerade in einem überfüllten Bus oder zu Hause befinden. Für den Zweijährigen zählt lediglich der Augenblick. Er muss seinen Gefühlen jetzt Ausdruck geben.

Eltern können in solchen Situationen nichts tun. Sie können sie lediglich akzeptieren und sich vielleicht fragen, was wohl den Ausbruch bewirkt haben mag. Hilft es vielleicht, wenn Sie den Blutzuckerspiegel Ihres Kindes auf einem gleichmäßigen Niveau halten, indem Sie dafür sorgen, dass es nicht hungrig ist? Oder hat Ihr Kind einfach nur zu wenig geschlafen?

KAPITEL 4

Das Leben ist jetzt

»Ich saß viel zu lange hier drinnen,
denn schon die kleinsten Worte lassen sich
kaum noch unterscheiden.
Ich saß viel zu lange hier drinnen,
denn alles, was hier übrig bleibt,
ist eine Fotografie.
Und direkt draußen
zieht das volle Leben vorbei.«

JAKOB HELLMAN

In Verbindung mit einem achtsamen Elternsein spricht man von drei Grundpfeilern oder zentralen Begriffen. Darüber denken Jon und Myla Kabat-Zinn lange nach.

Integrität

Ganz einfach erklärt ist mit Integrität das Recht des Kindes gemeint, so zu sein, wie es ist, und nicht so, wie wir Eltern es gerne hätten. Das bedeutet also, dass Sie Ihr Kind so respektieren und lieben sollen, wie es ist. Das klingt einfach, oder? Selbstverständlich stimmt jeder vernünftige erwachsene Mensch dem zu – zumindest ist es auf rein intellektueller Ebene einfach, derselben Meinung zu sein. Aber denken Sie mal kurz darüber nach. Denn vielleicht ist es nicht ganz so selbstverständlich.

Unterbewusst machen wir uns nämlich ein Bild davon, wie etwas zu sein hat, ein Bild, das wir zu verwirklichen versuchen, oft ohne es selbst zu wissen. Manchmal kann es Jahre dauern, bis wir merken, was wir da tun, und manchmal merken wir das nie. Erst wenn wir aber die wahre Natur unseres Kindes sehen, respektieren wir es als den Menschen, der es wirklich ist. Darüber nachzudenken, wie man Ihnen als Kind begegnete, hilft Ihnen der Vater oder die Mutter zu sein, die Sie sein möchten.

In einem von Heidis Kursen erzählte die Mutter zweier Kinder von ihrem eigenen Vater, der sehr streng erzogen worden war. Als er selbst Vater wurde, spielte er oft abenteuerliche Spiele mit seinen Kindern. Sie kletterten aus dem Fenster im zweiten Stockwerk an einer Liane hinunter, sie ließen sich an einem Seil vom Boot durchs Wasser ziehen, und der Vater baute ganz hoch oben in der Eiche auf ihrem

Grundstück ein Baumhaus. Er war äußerst verspielt und ein richtiger Rabauke. Er nahm allerdings nicht wahr, dass seine Kinder die Spiele als ziemlich unangenehm empfanden.

Wir anderen im Kurs lachten zunächst über ihren Bericht. Dann aber mündete unsere Belustigung in ein gutes Gespräch darüber, wie wichtig es sei, die Persönlichkeit unserer Kinder zu erkennen und zu beachten. Vielleicht möchten unsere Kinder nicht dasselbe wie wir, doch wir sind zu beschäftigt damit, ihre scheinbaren Wünsche zu erfüllen, um dies zu erkennen.

Der Vater verstand nicht, dass seine Tochter die wilden Spiele, nach denen er sich als Kind sicherlich gesehnt hatte, nicht schätzte. Während die Tochter ihrerseits ihrem Papa die Freude nicht zerstören wollte. Der Vater handelte aus gutem Willen. Seine Intention als Vater war, seinen Kindern das zu geben, was er als Kind vermisst hatte, und sie damit glücklich zu machen. Allerdings fehlte ihm das Fingerspitzengefühl, so dass er es verpasste zu fühlen, was seine Kinder mochten und was nicht. Andererseits war seine Liebe und sein Wohlwollen hundertprozentig sichtbar, und die Kinder konnten auf seine Liebe blind vertrauen.

Ich wuchs in einer religiösen Familie auf mit Eltern, die eine gute Ausbildung genossen hatten, und stellte schon von klein auf ihre Religion in Frage. Als Mädchen mit fünf Brüdern erlebte ich, dass diese Religion »männerfreundlich« und Mädchen gegenüber nicht besonders wohlwollend eingestellt war. Meine Mutter hatte es schwer mit meinem ständigen In-Frage-Stellen, meinem Eigensinn und meiner Entschiedenheit. Ich

fühlte, dass ich nicht die Tochter war, die sie sich er-
träumt hatte, auch wenn sie sich nicht direkt eine gehor-
same, religiöse und tüchtige Tochter gewünscht hatte.
HEIDI

Eines sollte uns als Eltern ganz klar sein: Kinder wollen
nichts lieber, als es ihren Eltern recht zu machen. Dennoch
geraten die meisten Kinder und Eltern immer wieder wegen Kleinigkeiten in Auseinandersetzung und Streit. Solange das Kind es wagt zu protestieren, kann man eigentlich beruhigt sein, denn das ist ein Zeichen dafür, dass
sich das Kind sicher fühlt und es wagt, Raum für sich in
Anspruch zu nehmen.

Natürlich mögen Sie als Eltern enttäuscht sein über die
Entscheidungen Ihres Kindes. Selbstverständlich mögen
Sie Träume für Ihr Kind haben, und Ihre Intention mag
durchaus sein, Ihrem Kind das beste Leben zu ermöglichen, das irgend geht. Ihre Intention sollte jedoch ebenso
sein, dass Ihr Kind es wagt, der Mensch zu sein, der er ist.
Dass Ihr Sohn oder Ihre Tochter es wagt, seinen eigenen
Weg zu gehen. Vielleicht haben Sie erst dann Ihren Auftrag
als Eltern erfüllt.

Ein lebhafter Mensch kann einen kleinen Träumer als
Kind bekommen. Oder umgekehrt: Sie sind selbst ein
Träumer und bekommen einen Wirbelsturm von einem
Kind. Es mag Ihnen ziemlich schwer fallen, damit klar zu
kommen, denn es ist nicht immer leicht, Eigenschaften, die
einem selbst fern stehen, zu identifizieren. Allerdings kann
man sich als Mutter oder Vater ruhig darauf verlassen, dass
das Kind eine eigene Persönlichkeit ist und genügend Mut
und Kraft besitzt, seinen eigenen Weg zu gehen. Und vielleicht können Sie von Ihrem Kind selbst etwas lernen.

Vielleicht stellt ausgerechnet die Eigenschaft Ihres Kindes jenes Puzzleteil dar, das noch fehlt, damit Sie ein harmonisches Familienleben führen.

In unserem Eifer, die scheinbaren Träume unserer Kinder zu erfüllen, laufen wir Gefahr, die Integrität der Kinder zu missachten. Wir glauben zu wissen, was für sie das Beste ist, und denken, unsere Träume seien auch die ihren; dass wir ein Kohlepapier auf unsere eigenen Träume legen und sie übertragen können und dass auf diese Weise alle glücklich werden. Richtig schlimm wird es jedoch, wenn Sie Ihr Kind zudem noch mit Schuld belegen, weil es nicht das möchte, was Sie wollen. »Jetzt habe ich mich so dafür eingesetzt, dass du reiten lernst, und du würdigst es kein bisschen!«

Wie wir jedoch alle wissen, ist es nicht besonders leicht, Eltern zu sein. Tag für Tag werden Sie vor Situationen gestellt, mit denen Sie nicht recht umgehen können. Vielleicht haben Sie sich nach dem Wochenende gesehnt, wenn Sie gemeinsam frei haben würden, und dann gerät bereits am Freitagabend alles aus dem Konzept.

Als wir bei den Vorbereitungen für unser Buch mit Eltern sprachen, erzählte eine Mutter, die an mehreren von Heidis Kursen teilgenommen hatte, etwas, das wir alle kennen.

Nach einer ganzen Arbeitswoche ist man müde; genauso müde ist das Kind nach einer ganzen Woche im Kindergarten oder in der Schule. Die Erwartungen, die man angesichts des Wochenendes hat, sind riesig, denn es ist die einzige freie Zeit, über die man gemeinsam verfügt. Wenn die lang ersehnte Freitagsgemütlichkeit mit dem langen Abend auf dem Sofa vor der Lieblingssendung im Fernsehen endlich in Sichtweite gerät, kommt eine unserer Töchter darauf, eine Kindersendung schauen zu wollen. Wenn wir anderen protestieren, wird sie wütend und weigert sich, irgendeinen Kompromiss einzugehen. Also muss schließlich die ganze Familie ihr Lieblingsprogramm schauen.

Welche Entscheidung hätten die Eltern hier treffen sollen? Ist in dieser Situation irgendetwas richtig oder falsch? Selten ist das Leben wie im Märchen: schwarz oder weiß, richtig oder falsch. Vielmehr besteht das Leben aus einer riesigen Grauzone, einem »na ja«, einem »einerseits« und einem »andererseits«. Es gibt keinen einzigen Mamma- und Papa-Mantel, der allen passen würde. Und man wächst nicht automatisch in diesen Mantel hinein, sobald das Baby geboren ist.

Das Thema »Grenzen setzen« kursierte Anfang der 2000er Jahre als Nummer eins auf der Topliste populärer Begriffe in Verbindung mit dem Elternsein. Denn bloß weil man hellhörig ist, seinem Kind Aufmerksamkeit schenkt und zeitweise flexibel ist, muss man das Kind nicht das gesamte Familienleben steuern lassen.

Etwas Distanz zu seinen Kindern zu bewahren, klingt vielleicht negativ; aber es ist genau umgekehrt. In Verbindung mit einer achtsamen Elternschaft bildet diese Distanz einen gesunden Gegensatz dazu, dem Kind zu nahe zu stehen oder es zu ersticken. Natürlich wünschen Sie sich eine warme, weiche, liebevolle Beziehung zu Ihrem Kind. Damit Sie jedoch eine gute Beziehung haben, benötigen Sie ebenso eine gewisse Distanz. Diese Distanz gibt Ihrem Kind die Möglichkeit, seinen Platz zu finden. Solange Sie Ihr Kind als Verlängerung Ihrer selbst betrachten, werden

Sie es nie als ein vollständiges, einzigartiges und selbstständiges Individuum sehen.

Wir alle brauchen unseren eigenen Spielraum. Ein klassisches Beispiel ist der Fall, in dem ein Vater ein starkes Interesse für Fußball hegt und sich einen Sohn oder eine Tochter gewünscht hat, mit dem oder der er Fußball spielen kann. Vielleicht hatten sich seine Eltern niemals Zeit genommen, selbst mit ihm zu spielen. Dann wird das Kind geboren, wird älter – und interessiert sich nicht im geringsten für Fußball. Dennoch muss es schon im Alter von vier Jahren in einem Fußballteam mitmachen, und der Vater sitzt auf der Tribüne und schreit und brüllt, während das Kind lieber puzzeln oder etwas anderes Ruhiges machen würde.

Die meisten von uns neigen dazu, die eigenen Eigenschaften auf das Kind zu übertragen. Dann sehen Sie jedoch nicht Ihr Kind, sondern ein Schattenbild von Eigenschaften, die das Kind Ihrer Meinung nach hat. Sie haben sich dafür entschieden, das Kind nicht so zu sehen, wie es ist, und vermitteln ihm den Eindruck, bestimmte Eigenschaften (manchmal seine Ruhe haben zu wollen, keinen Kampfgeist zu haben, keinen Fußball zu mögen – die Liste lässt sich beliebig erweitern) seien schlechter als andere. Indem Sie sich so verhalten, zeigen Sie Ihrem Kind, dass es so, wie es ist, nicht in Ordnung ist. Wenn Sie hingegen eine gewisse Distanz wahren können, können Sie auch das Kind in seiner Gesamtheit sehen mit allen seinen einzigartigen Eigenschaften.

Empathie

Empathie ist der andere Grundpfeiler für ein achtsames Elternsein. Damit meinen wir, wir sollten stets versuchen, die Dinge aus dem Blickwinkel des anderen zu betrachten. Wenn Sie Ihre eigenen Reaktionen und Ihr eigenes Unbehagen angesichts bestimmter Gefühle beachten, wie zum Beispiel abgewiesen und/oder herabgesetzt zu werden, öffnen Sie sich für die Möglichkeit, Ihren eigenen Autopiloten zu ändern, empathischer zu sein und Ihr Kind besser unterstützen zu können.

Um in schwierigen Situationen Respekt für die Integrität Ihres Kindes zeigen zu können, müssen Sie sich in Empathie üben. Schließlich fällt es uns nicht schwer, Empathie zu zeigen, wenn unser Kind gemobbt wird oder sich weh tut, wenn das Kind jedoch besonders anstrengend ist – z.B. viel quengelt und schreit –, wird das schon schwieriger. In diesem Fall löst das Verhalten Ihres Kindes Ihre eigene Frustration oder Wut aus, und Sie vergessen allzu rasch, dass Ihr Kind ein Recht auf seine eigene Integrität hat.

Als Sechzehnjährige war ich eingeladen, ein Wochenende bei einer Freundin zu verbringen, die am Sonntag Rodeo reiten sollte. Plötzlich tauchte meine Mutter ganz unerwartet am Sonntagmorgen auf, damit ich den Kirchgang nicht verpasste. Sie war drei Stunden lang gefahren – das Auto vollgeladen mit Kindern, von denen einige reisekrank waren –, weil sie mir zeigen wollte, wie wichtig es für Gott war, dass ich in die Kirche gehe. Ich war völlig fertig und fühlte mich ganz und gar überfahren. Ich empfand, dass ich kein Recht hatte, über

mich zu bestimmen, und hatte das Gefühl, meine Mutter
würde mir kein bisschen vertrauen.   HEIDI

Die Mutter wollte nach ihrer eigenen Auffassung von dem,
was richtig und was falsch war, das Beste für ihre Tochter.
Worüber sie überhaupt nicht nachgedacht hatte, war der
eigene Wille ihrer Tochter. Darüber hinaus akzeptierte sie
auch nicht das Recht ihrer Tochter, sie selbst zu sein und
eigene Gefühle zu haben. Indem sie sich nicht in die Gefühle ihrer Tochter hineinversetzte, zeigte sie keine Empathie.

Machen Sie eine kleine Pause und überlegen Sie kurz,
in welchem Maße Ihre Eltern empathisch waren und was
Sie sich von Ihnen am liebsten wünschten. Ihre Antwort
kann Ihnen eine Hilfe sein, wenn Sie versuchen, Ihrem
eigenen Kind empathisch zu begegnen.

Wenn wir unseren Kindern gegenüber empathisch handeln, prallen unser eigener Wille und unsere Meinung von
dem, was für unser Kind das Beste ist, ständig mit den Gefühlen unseres Kindes zusammen. Im Rahmen einer achtsamen Erziehung betonen wir, wie wichtig es ist, sich Zeit
zu nehmen und zu versuchen, sich in die Situation des
Kindes hineinzuversetzen und mit ihm über die Gefühle
zu sprechen, die dabei entstehen – die des Kindes sowie
die eigenen. Bestätigen Sie, dass Sie verstanden haben, was
Ihr Kind will, denkt und fühlt, auch wenn Sie es anders
sehen.

Indem Sie bestätigen und spiegeln, was Ihr Kind erzählt, machen Sie deutlich, dass Sie Empathie für seine
Situation empfinden. Auf diese Weise zeigen Sie, dass Sie

Ihr Kind lieben und seine Integrität respektieren. Gleichzeitig bahnen Sie den Weg für zukünftige Kommunikation.

Unsere Familie hatte schon lange entschieden, an dem Abend, an dem in der Schule Disco war, aufs Land zu fahren. Als uns unsere jüngste Tochter daran erinnerte, dass wir ihr schon vor Monaten versprochen hatten, sie dürfe zum nächsten Discoabend, kamen wir überein, erst um acht Uhr loszufahren, wenn die Disco geschlossen hatte. Wir fragten unsere älteste Tochter, ob sie traurig wäre, wenn sie selbst auf ihre Disco zwischen acht und zehn verzichtete, doch sie erwiderte, das würde ihr nichts ausmachen. Als wir an der Schule ankamen, um ihre kleine Schwester abzuholen, und unsere älteste Tochter ihre Klassenkameraden für die Disco anstehen sah, begann sie zu weinen – aber sie blieb dennoch dabei, fahren zu wollen. Da verstanden wir, dass sie sich nur deswegen gegen die Disco entschieden hatte, weil sie wusste, wir wollten aufs Land. »Weißt du«, sagte ich, »jetzt fahren wir rasch nach Hause, dann kannst du dich schick machen.«
Während die große Tochter tanzte, aß die übrige Familie in der Schulmensa Pizza. Anschließend fuhren wir alle aufs Land. Ihre Freude war es wert gewesen, ein paar Stunden später als geplant anzukommen.

MUTTER VON ZWEI KINDERN

Ähnliche Situationen, in denen entgegengesetzte Interessen aufeinander prallen, spielen sich in Familien jeden Tag ab. Die Eltern hatten sich auf einen ruhigen Abend auf dem Land gefreut, und die große Schwester wusste, wie gerne die Eltern hinfahren wollten. Sie legte eine große

Portion Empathie an den Tag, als sie das Interesse ihrer Eltern vor ihren eigenen Wunsch stellte. Die Eltern vertrauten darauf, dass ihre Tochter, für ihre eigenen Wünsche Verantwortung übernahm, erkannten jedoch im Laufe des Abends, dass sie es ihnen recht tun wollte und sich deshalb selbst vergaß und ihre eigenen Wünsche in den Hintergrund stellte.

Indem die Eltern auf sie eingingen und ihre ursprünglichen Pläne änderten, handelten sie selbst empathisch. Zum einen zeigten sie Respekt für die Gefühle ihrer Tochter, zum anderen stellten sie ihre Flexibilität erfolgreich unter Beweis. Beides zu wagen, ist für Eltern sehr wichtig.

Sie können auf unterschiedliche Weise Empathie zeigen. Dabei können Sie beispielsweise auf die innersten Wünsche Ihres Kindes eingehen oder seine Integrität achten. Vielleicht achten Sie darauf, dass Ihr Kind nicht vor seinen Kameraden sein Gesicht verliert, sondern warten mit bestimmten Diskussionen, bis seine Freunde gegangen sind. So zu handeln, bietet gleich mehrere Vorteile: Sie können durchatmen und Sie können darüber nachdenken, wie Sie handeln wollen, statt einfach nur zu reagieren.

Ihr Sohn hat die beliebtesten Jungs in seiner Klasse mit nach Hause gebracht. Er ist überglücklich, und sie haben in seinem Zimmer viel Spaß beim Spielen. Sie selbst hatten einen anstrengenden Arbeitstag im Büro, und wenn Sie in den Hausflur treten, sehen Sie überall Jacken und Schuhe auf dem Boden herumliegen. Sie sehen auch, dass er vergessen hat, die Blumen zu gießen, obwohl er es versprochen hatte. Ihr erster Impuls ist es, in sein Zimmer zu stürmen und Ihren Sohn, der zu Hause nie einen Finger krumm macht, auszuschimpfen!

Aber Sie besinnen sich eines Besseren und entscheiden zu warten, bis die Jungen nach Hause gegangen sind. Erst dann nehmen Sie das Gespräch mit Ihrem Sohn in Angriff.

Indem Sie so handeln, zeigen Sie eine große Portion Empathie. Wären Sie in sein Zimmer gerast und hätten ihn ausgeschimpft, hätten Sie ihn mit Sicherheit beschämt – auch vor seinen Freunden, die er schon so lange einladen wollte. Außerdem hätten Sie wahrscheinlich auch nicht besonders konstruktiv gehandelt, sondern es riskiert, dass Ihr Sohn eine Abwehrhaltung eingenommen und nicht darauf gehört hätte, was Sie ihm tatsächlich sagen wollten.

Wenn wir aufbrausen – und das tun alle Eltern einmal –, sagen wir leicht Dinge, die wir nicht wirklich meinen und später bereuen. So sind wir Menschen nun mal. Hin und wieder wütend zu sein, gehört zum Leben dazu und auch unsere Kinder müssen das erleben. Wenn Kinder sehen, dass ihre Eltern wütend sind, verstehen sie, dass es in Ordnung ist, Gefühle zu haben. Die Gefühle an sich sind nicht gefährlich, so lange Sie Ihren Kindern keine Schuld aufbürden! Wenn Sie Ihr Kind mit Schuld belegen, hat das größtenteils mit Ihren eigenen Schuldgefühlen zu tun. Sie halten Ihre starken Gefühle schlichtweg nicht aus und übertragen sie auf jemand anderen. Leider ist dies häufig Ihr Kind.

In Heidis Kurse kommen oft starke Gefühle und Erinnerungen hoch. Als einmal die Rede auf Schuldgefühle kam und wir darüber sprachen, wie wichtig es sei, dass wir unsere Schuldgefühle nicht auf unsere Kinder übertragen, erzählte eine Mutter über ihre Kindheit. Sie trug selbst schwer an Schuldgefühlen, da sie mit ihren Kindern nicht so gut zurecht kam, wie sie es gewünscht hätte.

Insbesondere erinnerte sie sich an ein Osterfest, nachdem ihre Eltern eine traumatische Scheidung hinter sich hatten und ihre Mutter niedergeschlagen und deprimiert war. Doch obwohl es mit ihren Finanzen nicht so gut stand, kümmerte sich die Mutter um ihre Kinder, so gut sie konnte. Die meisten Nachbarn waren in die Berge oder ins Landhaus gefahren, und die kleine Familie blieb in der Straße alleine zurück. Die Mutter war traurig, weil sie niemanden hatten, mit dem sie Ostern feiern konnten.

> Als ich bei unserem Ostermahl mithelfen wollte, entdeckte ich in der Speisekammer ein mit Geld gefülltes Osterei, dass ich hervorholte und den anderen zeigte. Ich konnte mir gar nicht vorstellen, dass meine Mutter etwas mit dem Osterei zu tun hatte, denn sie war ja so traurig. Doch das war ihre Überraschung für uns Kinder. Sie hatte ein Ostereiersuchen für uns geplant, und ich machte ihr die Überraschung kaputt.

Seit diesem Ereignis waren dreißig Jahre vergangen. Dennoch fiel es der inzwischen erwachsenen Frau schwer, darüber zu reden; und sie hatte immer noch Schuldgefühle, weil sie ihrer Familie den Osterabend verdorben hatte. Die Schuldgefühle ihrer Mutter, weil sie es nicht schaffte, eine schöne Osterfeier zu organisieren, oder weil sie kein Geld hatte, um mit ihren Kindern ins Gebirge zu fahren, können wir uns gut vorstellen. Doch davon dass die Tochter keine Ahnung hatte, dass ihre Mutter hinter der Überraschung steckte, wurde es auch nicht besser.

Die Mutter übertrug unbewusst ihre großen Schuldgefühle auf ihre Tochter. Hätte sie die Kraft gehabt, präsent zu sein, hätte sie es vielleicht geschafft, Empathie zu zeigen, statt ihrer Tochter Schuld aufzubürden. Nun konnte sie ihre Gefühle nicht mehr von denjenigen ihrer Kinder unterscheiden.

Es kann auch sein, dass wir das Kind bewusst beschuldigen. Enttäuscht über das Verhalten unseres Kindes brausen wir auf oder aber wir sind so gestresst, dass wir unsere Gefühle nur so aus uns herausquellen lassen. Und, Hand aufs Herz, mit Sicherheit passiert es auch Ihnen, dass Sie Ihr Kind bewusst mit Schuld belegen.

> Stellen Sie sich vor, Ihre Tochter hätte sich schon lange ein paar teure Markenjeans gewünscht. Sie sind nur in einem einzigen Laden zu bekommen, aber Sie haben trotzdem beschlossen, sie zu kaufen. Sie hetzen sich deshalb in Ihrer Mittagspause ab, lassen Ihr Mittagessen ausfallen, aber das ist es Ihnen wert, denn Sie sehen jetzt schon den glücklichen Blick Ihrer Tochter vor sich. Diese allerdings ist ganz und gar nicht glücklich; vielmehr ist sie enttäuscht, ja sogar gereizt, weil Sie das falsche Modell gekauft haben. Wie reagieren Sie da?

Die meisten von uns reagieren in einer solchen Situation mit Wut, Enttäuschung und Schuldzuweisungen: »Jetzt habe ich mich zu Tode gehetzt, um deine teuren Jeans zu kaufen – und was ist der Dank dafür? Merkst du nicht, wie traurig ich bin?« Wie können Sie denn reagieren, ohne Ihre Tochter zu beschuldigen, sondern indem Sie Empathie mit der Enttäuschung ihrer Tochter über das falsche Modell vorweisen? Selbstverständlich ist es in Ordnung, als Mutter oder Vater zu zeigen, dass man selbst frustriert und enttäuscht ist, aber es kann vernünftig sein, bevor man reagiert, erst einmal durchzuatmen und die Situation aus etwas größerer Distanz zu betrachten.

Seien Sie ehrlich und erklären Sie ihr, wie gerne Sie ihr eine Freude gemacht hätten. Ebenso wichtig ist es, dass sie ihre Enttäuschung zeigen darf. Indem Sie die Gefühle Ihrer Tochter bestärken, zeigen Sie, wie man einem anderen Menschen und seinen Ansichten respektvoll begegnet. Denken Sie daran, dass Kinder lernen, indem sie sich im Verhalten der Eltern spiegeln.

Es ist wichtig, dass Sie als Eltern erkennen, dass es Ihre eigene Entscheidung war, Ihr Mittagessen ausfallen zu lassen, um die Jeans zu kaufen, und dass es aus diesem Grunde Ihre Verantwortung ist. Vielleicht können Sie Ihre Enttäuschung miteinander teilen und die Tochter die Hose umtauschen lassen. Sie können auch vorschlagen, selbst die Jeans am nächsten Tag nach der Arbeit umzutauschen, wenn ihre Tochter dafür das Abendessen vorbereitet. Auf diese Weise teilen Sie sich die Verantwortung und lösen das Problem gemeinsam, indem Sie als Mutter oder Vater Vertrauen schaffen und Liebe zeigen.

Es ist nicht in allen Situationen leicht, Empathie zu zeigen und die Integrität des Kindes zu bewahren. Es kann richtig anstrengend sein, präsent zu sein und durchzuatmen, bevor man handelt. Wenn Sie jedoch üben, alte Muster zu durchbrechen, wachsen Sie als Mensch und durch Ihr liebevolles Handeln zeigen Sie Ihrem Kind eine andere Lebensweise.

Akzeptanz

»Akzeptieren bedeutet nicht resignieren. Akzeptieren ermöglicht es uns als ersten wichtigen Schritt, uns der Schwierigkeiten ganz bewusst zu werden. Danach können wir, wenn es uns geeignet erscheint, besonnen handeln, statt automatisch zu reagieren, indem wir auf unsere alten (oftmals schlechten) Strategien, mit Schwierigkeiten umzugehen, zurückgreifen.« Das Zitat stammt aus dem Buch *Der achtsame Weg durch die Depression* von u. a. Jon Kabat-Zinn.

Akzeptanz ist der dritte Grundpfeiler der Achtsamkeit und ist eng verbunden mit Integrität und Empathie. Wenn Sie die Integrität Ihres Kindes respektieren und Empathie zeigen, zeigen Sie ebenfalls, dass Sie das Kind genauso, wie es ist, ganz und gar akzeptieren. Auf diese Weise wird das Kind zu einem wertvollen Individuum.

Die Autorin und Psychologin Anna Kåver hat ein Buch über Akzeptanz geschrieben. In ihrer Einleitung zeigt sie auf, dass die meisten Synonyme und Assoziationen zum Begriff Akzeptanz negativ sind. Gleichzeitig konstatiert sie jedoch auch, dass die Suche nach Ruhe und Frieden, ja nach Zufriedenheit, immer mehr zunimmt.

Wenn wir achtsam miteinander umgehen, bedeutet Akzeptanz nicht, dass wir alles, was wir erleben, passiv hinnehmen sollen. Das Gegenteil ist vielmehr der Fall. Erst wenn wir das Leben so akzeptieren, wie es tatsächlich ist, ohne es zu interpretieren oder ein Urteil darüber zu fällen – erst dann sind wir fähig, adäquat zu reagieren. Erst wenn wir ein Problem oder einen Gedanken – oder unsere Kinder – akzeptieren können, können wir aktiv handeln und eine andere Perspektive gewinnen. Wenn wir, ohne nachzudenken, lediglich reagieren, werden wir übereilt reagieren und unüberlegte Entscheidungen treffen.

Eine grundlegende Denkweise des achtsamen Lebens besteht darin, uns dessen bewusst zu werden, was in einer bestimmten Situation unser Erleben tatsächlich beherrscht. Seien Sie offen gegenüber dem, was geschieht, und akzeptieren Sie das Erlebte; denken Sie über Ihre Reaktion nach und entscheiden Sie erst dann, wie Sie reagieren wollen. Dabei geht es größtenteils darum, kein Urteil zu fällen. Hier ist ein Beispiel dafür, was wir im Kontext der Achtsamkeit Akzeptanz nennen:

In den ersten zwei Lebensjahren unseres Sohnes lösten Mittelohrentzündungen, Magen-Darm-Grippen, Dreitagefieber u.v.m. einander ab. In einem Kinderpflegekurs konnten wir unserem Kummer Luft machen und unserer Freude über die Kleinen Ausdruck geben. In meiner Gruppe befanden sich eine Dr. phil. Barbie-Mama und einige phantastische Bullerbü-Mütter. Alles war so schön und wunderbar, und die Babys waren so süß! Und erst die Beziehung zwischen den Eltern: Ach, wie hatte sich diese vertieft, seitdem sie Kinder hatten. In all dem konnte ich mich überhaupt nicht wiederfinden! Mein Mann und ich stritten ständig.

Aber dann, eines Tages konnte ich die Situation daheim akzeptieren – schließlich war nichts Lebensbedrohliches dabei. Und plötzlich erkannte ich, dass es auch Lichtblicke gab: Angina? Nun, dann konnten wir einige Tage lang Eis essen. Fiebernächte? Ja, da konnten wir nebeneinander schlafen. Es gab nichts, was wir an der Situation hätten ändern können, aber wir konnten mit unserem Sohn zusammen sein. MUTTER EINES ZWEIJÄHRIGEN JUNGEN

Nachdem sich die Mutter entschieden hatte, die Situation zu akzeptieren, ging es ihr viel besser. Und als sie sich emotional geöffnet hatte, fühlte sie, dass sie noch viel entspannter sein konnte.

> Als meine jüngste Tochter zum Pfadfindertreffen sollte, weigerte sie sich, ihre Handschuhe anzuziehen, und als ich sie schließlich überredet hatte, zeigte sich, dass sie zu klein waren. Nach einem anstrengenden Tag reagierte ich kraftvoll und spülte sie die Toilette hinunter. Als wir endlich von zu Hause wegkamen – mit trockenen Handschuhen, konnten wir über die ganze Situation lachen. Wir stellten uns vor, wie die Leute im Klärwerk reagieren würden, wenn da zwei Handschuhe angeschwommen kamen. ANNA-MARIA

Während eines Wutausbruchs fällt es einem schwer, wie ein reifer erwachsener Mensch zu handeln. So lange Sie nur Ihren Gefühlen Raum schaffen und dann Frieden schließen, ist das nicht gefährlich. Im Gegenteil, ein solches Verhalten mag sogar von Vorteil sein, denn damit zeigen Sie Ihrem Kind, dass alle Gefühle erlaubt sind. Wenn Sie Ihrem Kind hingegen die Schuld für Ihren Ausbruch geben und nicht aufhören, wütend zu sein, dann ist das nicht gut.

Um es noch einmal deutlich zu sagen: Es ist wichtig, Ihr Kind nicht mit Schuld zu belegen, denn es ist nicht nur das Verhalten Ihres Kindes, das Sie wütend macht. Vielleicht können Sie sogar etwas aus der Situation lernen. Im obigen Beispiel hatte die Mutter eine bestimmte Zeit lang zu viel gearbeitet und das brachte mit sich, dass sie gestresst und leicht reizbar war. Die Handschuhe waren zu klein und weder Mutter noch Vater hatten sich die Zeit genommen, neue zu kaufen. Natürlich lag es in der Verantwortung der Eltern, dass sie sich auf dem Weg zu den Pfadfindern nicht abhetzen mussten.

Erst wenn Sie akzeptieren können, dass Sie ab und an wütend werden, können Sie etwas dagegen tun. Wenn Sie Ihre Gefühle nicht akzeptieren, haben Sie sich dafür entschieden, sie zu übersehen, und dann können Sie sie auch nicht handhaben.

KAPITEL 5

Gedanken sind keine Fakten

»Wenn ich zurückblicke auf all diese Sorgen, erinnere ich mich an die Geschichte von jenem alten Mann, der auf seinem Sterbebett sagte, er habe in seinem Leben einen Haufen Schwierigkeiten gehabt, von denen sich die meisten niemals ereignet hätten.«

MARK TWAIN

Sie wissen vermutlich genau, dass das gesamte Leben voller Gefahren steckt und eine Menge unangenehmer und schrecklicher Dinge geschehen können. Wenn wir Eltern geworden sind, wirkt das Leben noch viel gefährlicher und zerbrechlicher. Überall lauern Gefahren, die jederzeit Wirklichkeit werden können.

> Als ich Mutter wurde, dachte ich, ich wüsste, was es bedeutet zu lieben. Die Liebe, die ich für meine Töchter empfinde, ist jedoch so stark, dass sie manchmal schmerzt. Mit den neugeborenen kleinen Bündeln in meinen Armen habe ich begonnen, mir beinahe zwanghaft die schlimmsten Dinge vorzustellen, die passieren können, und eine ganze Reihe von Gefahren ist in meinem Inneren wie eine Perlenkette aufgetreten: Verkehr, sexueller Missbrauch, Umweltverschmutzung, unglückliche Liebe, Arbeitslosigkeit, Krieg, Krebs, Depression, Mobbing ...   ANNA-MARIA

Wir, die wir von solchem Katastrophendenken gequält werden, müssen wissen, dass das Risiko für das Eintreffen einer Katastrophe – solange wir ein normales Sicherheitsverhalten an den Tag legen – nicht größer wird, wenn wir aufhören, daran zu denken.

Durch Achtsamkeit können Sie lernen, dass die Angst vor diversen Katastrophen lediglich Denken und keine Wahrheit ist.

Die Kraft der Gedanken

Unsere Gedanken können eine sehr starke Wirkung auf unsere Gefühle und unser Handeln haben. Häufig kommen die Gedanken automatisch in Gang und bei der Achtsamkeits-Übung arbeitet man viel mit eben diesem Typus unbewusster Gedanken. Unsere Gedanken bilden einen natürlichen und gesunden Teil unseres menschlichen Lebens und häufig sind sie sowohl nützlich als auch praktisch. Sie helfen uns zu planen und unser Leben zu strukturieren und sie bewirken, dass es uns gut geht. Allerdings schaden uns unsere Gedanken mindestens so oft, wie sie uns helfen. Wenn sie Ihnen schaden, dann sind Sie in einem alten negativen Denkmuster gefangen.

Indem Sie sich die Gedanken und Bilder, die Ihnen in den Sinn kommen, immer wieder vergegenwärtigen, indem Sie sie loslassen und Ihre Aufmerksamkeit auf Ihren Atem und das Jetzt lenken, gewinnen Sie Abstand und Perspektive. Dann erkennen Sie, dass man über verschiedene Situationen genauso gut anders denken kann, und das befreit Sie von alten Denkmustern, die in Ihrem Inneren automatisch auftauchen.

In einem von Heidis Kursen erzählte eine Mutter, wie sehr sie sich gesorgt hatte, dass sich ihr zwölfjähriger Sohn in der Schule einsam fühlen könnte und zum Außenseiter würde. Eines Abends erzählte er, dass alle anderen Jungen in seiner Klasse auf eine Party eingeladen waren, nur er nicht. Instinktiv wollte sie ihn in den Arm nehmen, ihm sagen, alles würde gut, und danach bei den Eltern seiner Klassenkameraden anrufen. Nachdem sie ein paar Mal tief durchgeatmet hatte, betrachtete sie ihren ruhigen Sohn und stellte fest, dass er nicht so aussah, als würde ihm die Situation so viel ausmachen wie ihr selbst.

Dann nahm sie noch einige weitere tiefe Atemzüge und verbrachte den Abend damit, in aller Ruhe über die Situation nachzudenken. Bald erkannte sie, dass ihr Sohn eine Menge Freunde hatte. Außerdem kümmerte ihn die ausgebliebene Einladung nicht sonderlich, er hatte nur ganz nebenbei davon berichtet. Die Mutter stellte fest, dass sie ihre eigenen Gefühle wieder erlebt hatte, die sich einstellten, wenn sie nicht auf ein Fest eingeladen wurde.

Lesen Sie folgende Zeilen und denken Sie einen Moment darüber nach:

- Gedanken sind nur mentale Geschehnisse, sie sind keine Fakten, sie sind nicht die Wirklichkeit und vor allem: Sie sind nicht Ihre Gedanken.
- Gedanken sind einfach Gedanken und sonst gar nichts. Das mag selbstverständlich klingen, wenn Sie allerdings überlegen, wie Sie in verschiedenen Situationen reagieren, werden Sie vermutlich erkennen, dass das in der Praxis keine Selbstverständlichkeit ist.

Wenn Sie diese Art zu Denken angenommen haben, werden Sie bald feststellen, wie erleichtert Sie sind, ganz gleich, ob es sich um Katastrophengedanken oder um alltägliche Dinge wie im folgenden Beispiel handelt.

In unserem Bekanntenkreis gab es in Zusammenhang mit der Arbeit an diesem Buch viele lange Diskussionen über Achtsamkeit und einem bewussten Elternsein. Es zeigte sich, dass die Mehrheit insbesondere der Mütter sich mit unterschiedlichen scheinbaren Anforderungen konfrontiert sahen. Eine Mutter erzählte Folgendes:

> Jedes Mal wenn meine Kinder Ferien haben, werde ich von einem merkwürdigen Backzwang überfallen – dabei backe ich überhaupt nicht gerne. Dennoch kommt dieser Gedanke an jedem ersten Ferientag zuverlässig wie ein Brief, den mir jemand per Post zugeschickt hat. Ich habe über diesen merkwürdigen (sicherlich harmlosen) Drang nachgedacht und bin darauf gekommen, dass er mit meinem Ehrgeiz zusammenhängt, eine gute Mutter zu sein. Es geht dabei um nichts anderes als um meinen Wunsch, meinen Kindern Sicherheit zu geben, indem ich ihnen eine richtige Kuchenback-Mutter bin.
> Jetzt habe ich allerdings entschieden, dass dieses Gefühl, backen zu müssen, nichts als ein Gedanke ist. Schließlich muss ich nicht backen, bloß weil Ferien sind, sondern wir können ebenso gut schwimmen gehen oder es uns einfach mit einem guten Buch gemütlich machen. Und das empfinde ich als eine richtige Befreiung. Obwohl ich neulich in den Herbstferien auf die Idee kam, Piroggen zu backen ... Dann aber legte ich mich hin und ruhte mich lieber aus. MUTTER VON ZWEI KINDERN

Wenn Sie denken, Sie müssten heute eine bestimmte Menge Dinge erledigen, und wenn Sie darauf so reagieren, als wäre dies die reine Wahrheit, dann haben Sie eine Wirklichkeit geschaffen, die Sie glauben lässt, dass Sie all diese Dinge tatsächlich tun müssen. Halten Sie einen Augenblick inne, atmen Sie ein paar Mal tief durch und denken Sie kurz nach: Müssen Sie, um es daheim gemütlich zu haben, unbedingt einen großen Backtag einlegen oder mit Ihren Kindern das Weihnachtspuzzle legen? Vielleicht reicht es, wenn Sie sich als Familie mit Papier und Stiften an den Küchentisch setzen und eine Weile gemeinsam malen.

Ein gescheites kleines Mädchen von drei Jahren sagte einmal etwas, das in ihrer Familie zu einem geflügelten Wort wurde. Als den Erwachsenen immer wieder der Satz herausrutschte »Ich muss kurz ...«, meinte das Mädchen: »Muss und muss, nichts muss man ...!« Und das stimmt wirklich. Es gibt nur wenig Dinge, die wir wirklich tun müssen.

Wirklichkeit oder nur Gedanke?

Wir Menschen haben die Fähigkeit, die äußere Wirklichkeit wahrzunehmen. Unser Gehirn möchte Recht behalten – wenn wir eine Situation auf eine bestimmte Weise interpretiert haben, werden wir sie vermutlich immer so wahrnehmen und uns damit beweisen, dass wir richtig lagen. Wir ignorieren unbewusst Informationen, die in eine andere Richtung weisen, und nehmen gleichzeitig die Informationen auf, die mit unserer ersten Interpretation übereinstimmen.

Dieses Phänomen lässt sich dadurch erklären, dass wir mit einem Gedankenfilter ausgestattet sind. Dieser beeinflusst die Art und Weise, wie wir die Wirklichkeit betrachten, und bewirkt, dass wir sie nur selten so sehen, wie sie tatsächlich ist. Achtsamkeit hilft Ihnen, sich Ihren Gedanken gegenüber anders zu verhalten, und Sie lernen, sie lockerer anzugehen.

Achtsamkeit kann dazu führen, sich der Denk- und

Interpretationsfilter bewusst zu werden, diese zu berücksichtigen und darüber nachzudenken, wie wahr Gedanken und Interpretationen sind und in welchem Maße sie mit dem übereinstimmen, was tatsächlich geschieht.

Achtsamkeit und Meditation kann Ihnen helfen, freier zu denken. Wenn Sie jeden Tag für einige Augenblicke einfach nur »da sind« oder sich in einem Zustand des Nichts-Tuns befinden, werden Sie in Körper und Seele ruhiger. Beobachten Sie Ihr eigenes Atmen sowie die Regungen Ihres Körpers und ihres Geistes, ohne sich von ihnen einfangen zu lassen. Wenn Sie Ihre Konzentrationsfähigkeit üben, steigt auch Ihre Fähigkeit, Gedanken als das zu betrachten, was sie sind.

Dann werden Sie auch erkennen, wie Ihre Gedanken Stress verursachen können. Ein Gedanke, der Amok läuft, kann in Ihrem Inneren ungeahnte Ausmaße annehmen, obwohl er nicht allzu viel mit der Wirklichkeit gemeinsam hat. Erst wenn Sie dies erkannt haben, können Sie entscheiden, wie Sie sich dem von Ihnen selbst geschaffenen Stress gegenüber verhalten möchten. Sie werden erleben, dass Sie mehr Entscheidungsmöglichkeiten haben und Stress in einem deutlich geringeren Umfang als früher empfinden.

Dabei müssen Sie gar nichts Besonderes tun – Sie brauchen nicht auf dem Boden oder auf einem Sofa zu liegen oder in einer Yogastellung auszuharren.

Stellen Sie jedes Mal, wenn ein Gedanke auftaucht, für sich fest, dass es lediglich ein Gedanke ist. Registrieren Sie, wovon der Gedanke handelt, und stellen Sie fest, wie er Sie beeinflusst. Denken Sie auch darüber nach, in welchem Maß der Gedanke wahr oder nicht wahr ist.

Vielleicht werden Sie ihn als einen Gedanken erkennen, der häufig auftaucht. Wenn Sie dies registriert und festgestellt haben, versuchen Sie zu Ihrer Atmung und zu dem Gefühl zurückzukehren, das Sie in Ihrem Körper empfinden.

Wenn Sie sich Ihrer Denkmuster bewusst geworden sind, bekommen Sie Zugang zu Informationen, die Ihnen in verschiedenen Situationen mehr Wahlmöglichkeiten erlauben.

Gefangen im Vergangenen

Wenn wir denken, dass die Gedanken über unsere Kinder so sind, wie die Kinder wirklich sind, dann hören wir auf, die Kinder als Individuen zu betrachten. Stattdessen sehen wir lediglich unsere eigenen Projektionen und Übertragungen. Auf diese Weise bleiben wir in bestimmten Reaktionsmustern stecken, die in der Vergangenheit gründen. Indem Sie sich selbst etwas Raum zum Atmen gönnen, einen Schritt zurücktreten und kurz durchatmen, können Sie sich dessen bewusst werden, dass Sie auf das Vergangene und nicht auf das reagieren, was gerade jetzt geschieht.

Eltern, die achtsam sein möchten, betrachten sich selbst mit einem klaren, ungetrübten und dennoch feinfühligen Blick. Forschungsergebnisse zeigen, dass die Reaktionsmuster, mit denen wir dem Alltag und unseren Kindern begegnen, in unserer eigenen Kindheit entstanden sind. Als Kinder haben wir solche Abwehrmechanismen gebraucht, für uns als Erwachsene können sie jedoch zu einer Last werden und uns und unseren Kindern Leid zufügen. Ein Vater erzählte Heidi folgende Geschichte:

Der zweite Mann meiner Mutter war kühl und streng, und mein Bruder und ich hatten während unserer ganzen Kindheit Angst vor ihm. Noch als Erwachsener empfinde ich Respekt und Angst vor dem inzwischen siebzigjährigen Mann, obwohl ich heute ein gutes Leben führe mit Familie, Arbeit und Freunden. Wenn wir zum Abendessen hingehen, habe ich ständig Angst, meine Kinder könnten etwas anstellen, das ihn wütend macht. Nun verstehe ich aber, dass nicht ich als Erwachsener Angst vor ihm habe, sondern der zehnjährige Junge in mir. Ich reagiere nicht auf die Wirklichkeit, sondern auf einen Gedanken, ein Gefühl, eine Erinnerung.

VATER VON DREI KINDERN

Wenn Sie üben, die Dinge so zu sehen, wie sie wirklich sind – das Leben, den Alltag und sich selbst –, und zwar ohne zu urteilen, können Sie sich zu einem liebevolleren und offenen Menschen entwickeln. Dies tut manchmal weh – vor allem aber ist es nicht immer leicht, denn häufig ist es einfacher, nicht zu entscheiden. Wenn Sie gelernt haben innezuhalten, durchzuatmen und Ihre Reaktionsmuster und Kindheitstraumata zu betrachten, lernen Sie, dass Sie einen anderen Weg wählen können. Dann werden Sie zu einem ganzen Menschen und können damit beginnen, negative Muster in Frage zu stellen. Sie können sich jederzeit für eine andere Verhaltensweise entscheiden. Und das ist richtig befreiend!

Wir wollen gleich losfahren zu guten Freunden zum Abendessen. Die Kinder spielen am Computer und ich lege Wäsche zusammen. Ich rufe ihnen zu, den PC auszuschalten, und fahre mit dem Wäschezusammenlegen fort. »Macht den Computer aus – jetzt!«, brülle ich. Ich rufe meine Freunde an und sage ihnen, wir seien spät dran, und spüre am anderen Ende des Hörers die Gereiztheit darüber, dass wir noch gar nicht unterwegs sind.

Ich schreie die Kinder an: »Raus, in den Wagen – jetzt!« Da muss eines der Mädchen auf die Toilette, während sich die andere weigert, sich ins Auto zu setzen. Plötzlich verliere ich die Kontrolle und höre, wie ich ganz garstig sage, dass sie nie auf mich hören, dass ich so wütend bin, dass …

Ich atme und zittere am ganzen Körper. Warum bin ich denn so wütend? Ich atme weiter und erkenne, dass es sich dabei gar nicht um die Kinder handelt. Sie bekommen die Schuld ab, weil ich wegen meiner Freundin gereizt bin, die uns eingeladen hat und am Telefon verärgert klang. Ich übertrage mein eigenes Schamgefühl auf die Kinder. Dabei war ich es, die Wäsche zusammenlegte, statt rechtzeitig von zu Hause loszukommen.

Ich atme noch ein wenig weiter und bitte um Verzeihung. Dann versuche ich, so gut es geht, den zwei Achtjährigen zu erklären, was geschehen ist. »Das macht nichts, Mama«, sagt die eine, »du bist genauso wie Krösus Sork in *Bamse*. Wenn der einen Fehler macht, schimpft er auch mit den anderen.« (Krösus Sork ist eine Cartoon-Figur aus der schwedischen Zeichentrickserie »Bamse, der stärkste und netteste Bär der Welt«. Eine deutsche Ausgabe der schwedischen Zeitschrift mit dem Namen Tino Tatz erschien im Jahr 1992. Anm. der Übers.) Ich atme weiter und merke, wie froh ich bin, erkannt zu haben, was da gerade geschehen ist, und mich entschuldigen konnte. Ich lache und sage: »So, so, ihr meint also, ich bin wie Krösus Sork«, und dann lachen wir alle drei.

HEIDI

Den Autopiloten ausschalten

Wer Auto fährt, weiß, wie leicht es ist, in Gedanken zu versinken und lange Strecken zu fahren, ohne sich dessen bewusst zu sein. Ebenso können wir große Teile unseres Lebens als Eltern hinter uns bringen, ohne im Jetzt zu leben: Wir sind häufig meilenweit entfernt vom Augenblick, ohne es zu merken. Auf einmal hat das kleine Baby seine ersten Zähne verloren. Bald kommt der erste Schultag. Und eines Tages steht unser Sohn oder unsere Tochter mit den Umzugskartons an der Tür, unterwegs zur ersten eigenen Wohnung.

Wenn der Autopilot eingeschaltet ist, wird es noch viel wahrscheinlicher, dass wir auf Situationen um uns herum unbewusst reagieren – mit Gedanken, Gefühlen und Wahrnehmungen, die uns vielleicht überhaupt keine Hilfe sind. Sie führen vielmehr zu schlechter Laune und Stress.

Den Autopiloten benutzen wir besonders gerne, wenn wir in unserem Leben anstrengende Zeiten durchmachen. Da versuchen wir noch mehr Leistung zu erbringen als sonst, vielleicht gerade weil der Autopilot und unsere gewohnten alten Pfade uns keine Zeit lassen, innezuhalten und der Situation nachzuspüren.

Wenn Sie sich jedoch Ihrer Gedanken, Gefühle und körperlicher Wahrnehmungen bewusst werden können, so wie sie von einer Sekunde zur anderen auftreten, bekommen Sie mehr Freiheit und mehr Entscheidungsmöglichkeiten. Dann sind Sie nicht mehr auf dieselben alten mentalen Spuren festgelegt, die Ihnen vielleicht früher Schwierigkeiten bereiteten.

> Wir sitzen in unserem kleinen Mauseloch mit einem Buch. Ich lese und fühle den Körper meiner Kinder gegen meinen. »Ach, ist das schön!«, denke ich. Warum kann es nicht immer so sein? Wie komme ich nur zu mehr Zeit, um meinen Kindern nach der Schule vorzulesen? Warum muss es so schwer sein, ein wenig mehr Zeit für seine Kinder zu haben?
> Plötzlich sind zehn Minuten um und ich merke, dass das, was ich so heiß ersehnt habe und von dem ich in Zukunft mehr bekommen möchte, jetzt gerade geschieht! Und während ich plane, wie ich mehr davon haben kann, ist es bereits dabei zu vergehen. Ich habe zehn Minuten mit meinen wunderbaren Kindern verpasst, weil ich in meinen Gedanken völlig gefangen war. Ich muss achtgeben, dass das Leben nicht in der Zeit geschieht, in der ich das Leben plane ... HEIDI

Indem Sie innehalten, atmen und der Situation, in der Sie sich befinden, nachspüren, bevor der Autopilot in Gang kommt, können Sie, bevor Sie reagieren, eine bewusste Entscheidung treffen. Das hilft Ihnen dabei, die vorhandenen Entscheidungsmöglichkeiten zu finden, und gibt Ihnen die Chance, in Übereinstimmung mit Ihrem Herzen und Ihrem inneren Ich zu handeln und nicht in Übereinstimmung mit Ihrer eigenen Kindheit. So können Sie Ihren Kindern liebevoll begegnen und ihnen den Raum geben, den sie benötigen.

Innezuhalten ist sowohl einfach als auch unglaublich schwer, denn wir sind darauf programmiert, mit unserem

Autopiloten zu reagieren. Häufig sind wir uns gar nicht dessen bewusst, weshalb wir so und nicht anders reagieren. Indem wir achtsam sind, bekommen Sie die Chance innezuhalten, durchzuatmen, die Situation so zu akzeptieren, wie sie ist, nachzudenken und dann eine bewusste Entscheidung zu treffen. Erst dann reagieren Sie mit Ihrem Herzen und erst dann zeigen Sie Ihrem Kind, dass es mehrere unterschiedliche Arten gibt, der Welt zu begegnen.

An einem Kurs über Achtsamkeit und Elternsein nahm auch eine Frau teil, die Kummer wegen ihrer neunjährigen Tochter hatte, weil diese von ihren Schulkameraden schlecht behandelt wurde. Einige Tage zuvor war ihre Tochter wieder traurig über etwas, das in der Schule geschehen war, nach Hause gekommen.

Die Mutter, die als Kind selbst gemobbt worden war, wollte nicht zulassen, dass ihre Tochter dasselbe erlebte. Ihr erster Gedanke war, sofort die Lehrerin und die Eltern der anderen Mädchen anzurufen, dann aber hielt sie inne, trat einen Schritt zurück und erinnerte sich, dass sie schließlich am selben Abend an einem Kurs in Achtsamkeit angemeldet war. Vielleicht war es besser, mit dem Handeln zu warten und ihr Problem im Kurs zu besprechen.

Nun, wir besprachen im Kurs das Problem, und die Mutter beschloss, mit ihrer Tochter zu sprechen und dann während der Sommerferien das Ganze ruhen zu lassen. Wenn das Problem im Herbst immer noch aktuell war, wollte sie handeln.

Nach den Sommerferien wusste die Tochter, dass ihre Eltern für sie da waren, dass sie bereit waren zu handeln, falls es nötig wäre, und das gab ihr Ruhe, als sie zur Schule ging. Die Mutter telefonierte mit den Eltern der anderen Mädchen und redete in aller Ruhe über die Situation.

Der gewonnene Abstand zum Problem, sagte sie im Nachhinein, hatte bewirkt, dass es zu einem konstruktiven Gespräch kam und sie gemeinsam mit den anderen Eltern eine Lösung finden konnte.

MUTTER VON VIER KINDERN

Wenn man tief durchatmet und fühlt, wie fest man auf dem Boden steht, fällt es einem leicht, die Balance wiederzufinden und ins Lot zu kommen. Gleichzeitig versteht man dann, weshalb ein einzelnes Geschehen in einem selbst eine ganze Anzahl von Reaktionen in Gang setzen konnte. Häufig projizieren wir die eigene Traurigkeit aus der Kindheit auf unsere eigenen Kinder. Und schließlich können wir uns noch fragen, um wessen Problem es hier eigentlich geht: Wenn wir die Verantwortung für ein Problem übernehmen, nehmen wir dem Kind die Möglichkeit, selbst mit Schwierigkeiten umzugehen und unangenehmen Situationen zu begegnen.

Die Mutter im obigen Beispiel hatte selbst erlebt, wie es ist gemobbt und ausgeschlossen zu werden; aus diesem Grund war ihr Referenzrahmen sie selbst. Wenn wir selbst im Zweifel sind, haben wir die Möglichkeit, das Kind selbst zu fragen, was es fühlt und was man seiner Meinung nach tun sollte.

In Zusammenhang mit einem achtsamen Elternsein behaupten wir: Das Beste, was Eltern tun können, ist aufmerksam zu sein und zu bestärken (»Ja, das tut weh, wenn jemand gemein ist!«), ohne jedoch selbst das Problem zu übernehmen. Versuchen Sie das Kind dazu zu bringen, eine eigene Antwort zu finden. Auf diese Weise helfen Sie ihm, sein Selbstwertgefühl zu stärken; denn so lernt es, dass es selbst das Vermögen hat, mit schwierigen Situationen fertigzuwerden.

Wenn Sie ein Geschehen so sehen, wie es wirklich ist, und sich nicht an gewohnte Denkmuster orientieren, werden Sie leichter einen neuen Blickwinkel auf das Problem gewinnen; und dadurch wird es auch einfacher für Sie, die Lösung für das Problem zu finden. Ebenso werden Sie schneller erkennen, wer die eigentliche Verantwortung für das Problem trägt.

Ihre eigene Erfahrung kann Ihnen häufig dabei helfen, eine Situation zu interpretieren, aber eben diese Erfahrung kann Sie auch hinters Licht führen. Dann werden frühere Erlebnisse zu einer Vorlage für das, was gerade geschieht; deshalb müssen Sie sich immer wieder daran erinnern, dass Gedanken keine Fakten sind. Sie können Ihre Gedanken in Frage stellen und Sie wissen genau, dass sie teils auf Ihren eigenen Hintergrund beruhen, teils darauf, wie es Ihnen in eben diesem Augenblick geht. Wenn Sie nur einen kurzen Moment warten, bevor Sie reagieren, können Sie die Situation vielleicht anders betrachten.

Ebenso gut kann es passieren, dass das, was Sie für Ihr Bauchgefühl halten, in Wirklichkeit Ihre eigene Reaktion auf etwas vollkommen anderes darstellt, etwas, das früher in Ihrem Leben oder in Ihrer Kindheit geschah.

KAPITEL 6

Wie werde ich zu einem achtsamen Menschen?

»Wenn Menschen von Wundern sprechen, meinen sie: auf dem Wasser zu gehen oder auf Luft zu schweben. Ich aber meine, dass es sich bei wahren Wundern nicht darum handelt, auf dem Wasser zu gehen oder auf Luft zu schweben; es handelt sich darum, auf der Erde zu gehen. Tag für Tag haben wir Teil an Wundern, die wir nicht einmal bemerken: der blaue Himmel, weiße Wolken, grüne Blätter, die neugierigen Augen eines Kindes, unsere eigenen zwei Augen. Das sind Wunder.«

THICH NHAT HANH

Nun haben Sie in mehreren Kapiteln gelesen, wie wichtig es ist, Achtsamkeit im Alltag zu üben. Vermutlich haben Sie gemerkt, wie schwer dies sein kann und auch, dass es einfach ist, wenn Sie nicht zu hart zu sich sind. Da kommt eine wichtige Frage auf: Was können Sie tun, um achtsamer zu werden?

Für den Anfang sollten Sie sich klar machen, in welch geringem Maße Sie in Ihrem Alltag wirklich bewusst im Jetzt leben. Wenn Sie dieses erkannt haben, sind Sie bereits ein gutes Stück vorangekommen. Danach reicht es, wenn Sie sich oft daran erinnern, da zu sein, wo Sie sich gerade befinden.

> Spüren Sie Ihren Füßen auf dem Boden oder Ihrem Gesäß auf dem Sitz nach oder wiederholen Sie mehrere Male: Hier bin ich in eben diesem Augenblick. Und seien Sie jedes Mal, wenn Sie merken, dass Sie nicht richtig im Jetzt sind, dennoch freundlich zu sich selbst, ohne sich zu verurteilen. Erinnern Sie sich daran immer wieder mit einer großen Portion Freundlichkeit.

Sie können üben, im Alltag im Jetzt zu sein, ohne weiche bequeme Kleidung anziehen zu müssen, eine Yogamatte auszurollen oder Räucherstäbchen anzuzünden (auch wenn Yoga ein sehr gutes Training ist!). Es gibt unzählige Gelegenheiten innezuhalten, sich zu fokussieren und sich selbst daran zu erinnern, in dem, was gerade geschieht, ganz da zu sein. Jeden Tag verrichten Sie die verschiedensten Dinge, die Ihnen als »Achtsamkeitsuhr« dienen können, das heißt, sie können Sie daran erinnern innezuhalten und sich auf die aktuelle Situation zu konzentrieren. Sie helfen Ihnen, den Unterschied zu erkennen zwischen einem Gedanken als Erlebnis und dem direkten Erleben einer Situation.

Das Jetzt liegt in uns

Selbst wenn Sie es eilig haben und viel erledigen müssen, ist Ihr Körper ein gutes Werkzeug für das Dasein im Jetzt. Dabei kann es um etwas ganz Einfaches gehen, wie beispielsweise Ihre Körperstellung zu bemerken.

Stellen Sie sich hin, falls Sie gerade sitzen, und fühlen Sie den Bewegungen nach, die Sie machen, wenn Sie von einer Körperstellung in die andere wechseln. Oder fühlen Sie, welche Bewegungen Sie tun, wenn Sie sich abends ins Bett legen. Beschließen Sie, den Dingen, die Sie tun, jedes Mal nachzuspüren: dem Bücken nach der Morgenzeitung, dem Teekochen fürs Frühstück oder Ihren Anziehbewegungen. Entscheiden Sie, welche Bewegungen und Übungen Sie ausführen wollen, wenn Sie in Ihrem Körper Dasein erleben wollen. Wie fühlt sich das an?

Sie werden manchmal feststellen, dass Sie mit Ihren Gedanken ganz woanders sind – versuchen Sie dann, Ihre Aufmerksamkeit wieder auf das zu lenken, womit Sie sich gerade beschäftigen. Bald wird es Ihnen zur Gewohnheit werden. Die Bewegungen, die Sie jeden Tag ausführen, können Sie zu kleinen Übungen in Achtsamkeit machen, die Ihnen dabei helfen, Ihre Achtsamkeit zu erweitern.

Anfängergeist

Indem Sie daran denken, im Jetzt zu leben, finden Sie eine Möglichkeit, jedem Augenblick so zu begegnen, wie er wirklich ist. Dass jeder Augenblick ein neuer Augenblick ist, mag selbstverständlich klingen, es ist jedoch leicht, dies zu vergessen, wenn wir in unserem Hamsterrad aus erlebten Notwendigkeiten unsere Runden drehen. In Zusammenhang mit der Achtsamkeit reden wir von Anfängergeist.

Wenn Sie auf diese Weise denken, können Sie sich selbst etwas weniger ernst nehmen. Wenn Sie sich eine Zeit lang niedergeschlagen und traurig fühlen, wissen Sie, dass sich das ändern wird. Da Sie wissen, dass immer wieder neue Augenblicke auf Sie zukommen, können Sie anders handeln, und das macht es Ihnen auch leichter, glücklich zu sein. Sie werden sich nicht mehr im Fehlverhalten einrichten, sondern beschließen, aus Ihren Fehlern zu lernen, so dass Sie sich das nächste Mal, wenn Sie in eine ähnliche Situation geraten, anders verhalten können. Auf diese Weise haben Sie aus Ihren Fehlern etwas Konstruktives gemacht, statt auf destruktive Art wiederzukäuen, was schief gegangen ist.

Wenn Sie es zulassen, den Augenblick zu genießen, wird es Ihnen leichter fallen, den Augenblick zu erleben. Es ist ein ganz normales Phänomen, dass wir den Gedanken und Ansichten über das, was wir zu wissen meinen, erlauben, uns daran zu hindern, die Dinge so zu sehen, wie sie wirklich sind. Über unseren Augen liegt eine Art Filter, der unseren Blick trübt. Unsere Neigung, Dinge im Alltag für gegeben zu halten, bewirkt, dass wir das Besondere im Gewöhnlichen verpassen, also eine Menge kleiner Goldkörner in einem ganz normalen Tag übersehen.

Ich habe gerade meine Töchter an der Schule abgesetzt und beeile mich, in die Arbeit zu kommen. Als ich zur U-Bahn haste, blicke ich hoch und sehe am Himmel einen fantastischen Regenbogen. Dennoch nehme ich mir keine Zeit anzuhalten und den Anblick zu genießen, sondern senke meine Augen und erhöhe mein Tempo. Als ich am Nachmittag die Mädchen wieder abhole, fragen sie mich, ob ich morgens den Regenbogen gesehen habe, und ich denke: »Warum habe ich mir keine Zeit genommen stehen zu bleiben und zu schauen?«

ANNA-MARIA

Kinder haben die Fähigkeit, den Reichtum des Augenblicks zu sehen. Sie können unendlich lange an einer Wasserpfütze stehen bleiben oder stundenlang Vögeln zuschauen, wie sie ihre Körner aufpicken. Uns Erwachsenen ist die Fähigkeit, den Alltag zu genießen, abhandengekommen. Damit wir etwas genießen können, brauchen wir Urlaub, ein neues Auto oder ein gutes Abendessen. Diese neunzig Prozent unseres Daseins, die den Alltag und das wahre Leben ausmachen, verkümmern zu einem langen Weg: »Bald habe ich Urlaub, vorher aber muss ich die Arbeit überleben.« »Bald kann ich jenes Auto kaufen, aber um mir das leisten zu können, muss ich noch hart arbeiten und viel Geld zusammensparen.«

Dennoch liegt irgendwo in unserem Inneren der Anfängergeist – bereit, alles so zu sehen, als wäre es zum ersten Mal; noch im Allergewöhnlichsten die Schönheit und das Fantastische zu entdecken.

Unser Sohn soll operiert werden, doch wir wissen nicht wann und ob er dann gesund wird. Wir haben unzählige

Tage im Krankenhaus verbracht, machen uns Sorgen und haben Angst. Ich denke mir: »Wenn er je wieder gesund wird, werde ich nie mehr darüber klagen, dass ich erschöpft bin oder dass wir es uns nicht leisten können, in Urlaub zu fahren. Dann werde ich jeden müden Montagmorgen und jeden novembergrauen Dienstagabend genießen. Wenn er nur wieder gesund wird!«

MUTTER EINES SECHSJÄHRIGEN JUNGEN

In seinem Buch *Gesund durch Meditation* schreibt Jon Kabat-Zinn viel über den Anfängergeist. Er erklärt, wie dieser Anfängergeist uns hilft, frei zu werden von allen auf frühere Erfahrungen beruhenden Erwartungen.

Der Anfängergeist öffnet unseren Sinn und macht ihn empfänglich für neue Möglichkeiten. Tatsächlich gleicht kein Augenblick dem anderen. Jeder Augenblick ist einzigartig und birgt einmalige Möglichkeiten. Und das bedeutet auch, dass es nie zu spät für einen Neuanfang ist.

Versuchen Sie Ihren Anfängergeist zu entwickeln: Fragen Sie sich das nächste Mal, wenn Sie eine bekannte Person sehen, ob Sie sie mit frischen Augen sehen, ob Sie die Person so sehen, wie sie wirklich ist, oder ob das, was Sie sehen, lediglich die Projektion Ihrer Gedanken zu dieser Person ist. Machen Sie dasselbe Experiment mit Ihren Kindern, Ihrem Partner und Ihren Freunden oder Kollegen. Machen Sie einen Waldspaziergang und setzen Sie Ihre neue Brille auf. Sehen Sie den Himmel, die Sterne und die Bäume, wie sie wirklich sind?

Versuchen Sie das nächste Mal, wenn Sie ein Problem haben, es mit neuen Augen zu betrachten. Um es mit den Worten des Autors Teo Hardén auszudrücken: »Kreativität bedeutet, ein anderes Richtig zu finden, als das Rich-

tig der anderen.« Wenn Sie den Anfängergeist aus Ihrem
Inneren zu Tage fördern, werden Sie über all die Möglichkeiten staunen, die Sie plötzlich erkennen können.

> Manchmal, wenn der Tag »schlecht« beginnt – wenn ich
> müde bin und die Kinder quengeln –, schlagen meine
> Töchter vor, einen Neustart zu machen. Da gehen sie
> wieder in ihr Zimmer zurück, ich singe unser kurzes
> Morgenlied, und dann fangen wir von vorne an. Meis-
> tens funktioniert das ausgezeichnet, auch wenn ich zu-
> geben muss, dass es mich manchmal stresst, weil mir
> die Zeit davonrast. Aber das bisschen Extrazeit ist es
> wert, denn sie beeinflusst unseren ganzen Tag.
>
> HEIDI

Meditation

Wenn Sie entdecken wollen, was in Ihrem Inneren geschieht, kann Ihnen Meditation gut dabei helfen. Wie Sie in
diesem Buch bereits gelesen haben, verfügen wir über bestimmte Gedankenbahnen, automatische Reaktionsmuster
und Gedanken, deren wir uns nicht bewusst sind. Meditation ist nicht gleichzusetzen mit Achtsamkeit, aber sie ist
eine Fertigkeit, die Ihnen helfen kann, einen besseren Über-
blick über Ihre Gedankenströme zu gewinnen. Vermutlich
werden Sie entdecken, dass Ihre Gedanken häufig kritisch
sind. Indem Sie beginnen, Ihre Gedanken zu beachten und
sie als das sehen, was sie sind – nämlich einfach nur Gedanken –, können Sie Ihre gewohnten Denkmuster ändern.
Es gibt zwei Formen der Meditation: Entweder man
macht eine Übung zu einem im Vorhinein festgelegten Zeit-

punkt und für eine begrenzte Zeit oder man meditiert form-los, d. h. man führt die Art von Meditation durch, die überall und jederzeit möglich ist. All das, was Sie in Ihrem Leben erleben, kann zu einer Übung in Achtsamkeit werden. Da können Sie wirklich von Glück reden, denn Ihnen stehen jeden Tag mehrere Hundert Möglichkeiten zur Verfügung.

Am leichtesten und effektivsten beginnen Sie Ihre Acht-samkeitsübungen im Sitzen. Sitzen Sie ganz ruhig und be-quem und konzentrieren Sie sich auf Ihren Atem, indem Sie die Wege der Atmung verfolgen, ein und aus, ohne sie irgendwie beeinflussen zu wollen. Das einfache Konzen-trieren auf das Atmen ist eine der wichtigsten Übungen der Achtsamkeit. Die Atmung ist immer vorhanden und bildet eine einfache, wirksame und praktische Art, Ihre Auf-merksamkeit im Augenblick sowie in Ihrem Körper zu verankern.

Im Sitzen zu meditieren, hilft Ihnen, auf Ihre Atmung aufmerksam zu werden, die genauso ist wie das Dasein: Sie steht niemals still.

Vielleicht finden Sie es eigenartig, Ihre Aufmerksamkeit so stark auf etwas so Selbstverständliches wie die Atmung zu fokussieren. Die Atmung ist aber das Zentrale in Ihrem Körper. Wenn Sie angespannt und verärgert sind, wenn Sie Angst haben oder sich gehetzt fühlen, wird Ihre Atmung kurz und oberflächlich. Sind Sie hingegen glücklich und entspannt, verlangsamt sich Ihre Atmung. Die Atmung ist der Maßstab für Ihr Befinden. Und sie kann als ein Werk-zeug dienen, auf das Sie hören sollten. Wichtig ist, dass Sie sich lediglich konzentrieren und erleben. Sie sollen das, was Sie fühlen und denken, nicht verändern, kontrollieren oder darüber urteilen. Oder einfacher ausgedrückt: Seien Sie nur und tun Sie nichts!

Bodyscanning ist eine andere Form der Meditation. Dabei lenken Sie Ihre Aufmerksamkeit systematisch auf die einzelnen Teile Ihres Körpers:

Für gewöhnlich beginnt man mit den Zehen: Sie können sitzen oder liegen und fühlen, wie sich Ihre Zehen anfühlen. Fühlen Sie nur, urteilen Sie nicht und versuchen Sie nichts von dem zu ändern, was Sie empfinden. Seien Sie lediglich aufmerksam auf Ihr Empfinden. Danach können Sie Ihre Aufmerksamkeit auf Ihre Fußsohlen richten.

Nach einer Weile richten Sie Ihre Aufmerksamkeit weiter auf Ihre Knöchel, Ihre Schienbeine und weiter auf Ihren gesamten Körper. Konzentrieren Sie sich auf jedes einzelne Körperteil. Beobachten Sie ständig jede Ihrer Wahrnehmungen und schauen Sie, ob Sie von einem Gefühl oder einem Gedanken beschäftigt werden. Erkunden Sie diese, ohne zu urteilen. Laden Sie sich anschließend selbst ein, wieder in Ihrem Körper gegenwärtig zu sein.

Vielleicht werden Sie sich unruhig fühlen oder sogar gereizt sein, weil Sie so lange brauchen, um sich durch Ihren Körper durchzuarbeiten. Verurteilen Sie sich nicht selbst, sondern bleiben Sie bei Ihrem Gefühl. Natürlich geht das langsam. Natürlich fühlen Sie sich gereizt. Gehen Sie dann zu dem Körperteil zurück, bei dem Sie gerade waren.

Auf diese Weise bekommen Sie mehr Distanz zu Ihren Gedanken und Gefühlen und nehmen sie mehr als Teil eines Erlebens wahr. Das kann auch bewirken, dass Sie wichtige Informationen über sich selbst erhalten sowie darüber, wie Sie Ihrem Alltag begegnen. Wenn Sie beispielsweise gereizt sind, weil es zu langsam geht, dann sind Sie wahrscheinlich ein unruhiger Mensch, der sich oft darüber aufregt, dass die Dinge im Leben langsam gehen.

Wenn Sie da sitzen und meditieren, entstehen verschiedene Gefühle, die häufig auch die großen Gefühle spiegeln, die im Alltag gelegentlich aufkommen. Den Gefühlen Aufmerksamkeit zu schenken, hilft Ihnen, mit den Gedanken und Gefühlen klar zu kommen, die im Alltag bei verschiedene Situationen entstehen.

Wir haben uns deshalb für Meditation im Sitzen und für Bodyscanning entschieden, weil diese Übungen für Anfänger am einfachsten sind. Es gibt viele gute CDs, die Ihnen bei den Übungen helfen können. Weitere formelle Übungen in Achtsamkeit sind achtsames Yoga, Tai Chi und Quigong; sie alle sind auf das Erkunden der Sinne und Gedanken ausgerichtet.

Mit der Meditation durch Yoga kam ich vor gut zwanzig Jahren in Kontakt. Ich mochte Yoga sehr gerne, fand Meditieren jedoch langweilig. Erst nach vielen Jahren begann ich wieder zu meditieren und entdeckte mit der Zeit, dass mir die Meditation im Alltag mehr Raum zum Atmen verschaffte. Sie half mir auch erkennen, wie gemein ich in meinen Gedanken zu mir selbst war. Ich übte mich darin, mir beim Meditieren selbst freundlicher zu begegnen, und allmählich wurde ich auch dann freundlicher zu mir, wenn ich nicht meditierte. Zurzeit meditiere ich jeden Tag, und das ist für mich wie ein Leim, der mich zusammenhält. Ich weiß, dass ich durch die Meditation zu einer besseren Mutter und zu einem besseren Menschen werde. HEIDI

Die drei As

Atmen

Bevor Ihr Autopilot anspringt, geben Sie in jeder Situation ein leises und unbewusstes Urteil und/oder Bewertung ab. Wenn Sie es sich zur Gewohnheit machen, bis in die Zehen hinein tief einzuatmen, um in der Gegenwart zu landen, können Sie die Situation betrachten, bevor Sie automatisch reagieren. Nur wenn Sie klar sehen können, können Sie auch eine Entscheidung treffen.

Akzeptieren

Die Atempause hilft Ihnen, bewusst zu werden und die Dinge so zu akzeptieren, wie sie wirklich sind. Jedoch nicht auf eine passive selbstbemitleidende, sondern auf eine aktive Art und Weise, die Ihnen hilft, die Wirklichkeit so zu sehen, wie sie tatsächlich ist.

Agieren

Nun ist es Zeit zu agieren – und nicht zu reagieren. Wie Sie das tun, entscheiden Sie anhand Ihres Überblicks über die Situation. Zuweilen mag das Beste sein, überhaupt nichts zu tun. Die Kontrolle zu verlieren kann starke Angstgefühle erzeugen – aber man ist nicht deshalb eine schlechtere Mutter oder ein schlechterer Vater, weil man nicht immer alles weiß! Manchmal schaffen Sie sich erst dadurch die Möglichkeit zu agieren und können sich erst dann entscheiden, in einer Situation anders zu handeln – und diese Möglichkeit hätten Sie gar nicht erst gesehen, hätten Sie nach Ihrem gewohnten Reaktionsmuster reagiert.

Mit Hilfe der drei As können Sie teils selbst bestimmen, wie Sie handeln. Sie können wie ein Erwachsener, wie eine richtige Mutter oder ein richtiger Vater, handeln. Ihre Entscheidung beruht auf dem Jetzt und nicht auf Dingen, die in Ihrer Vergangenheit geschehen sind. Denken Sie daran, dass es enorm viel Mühe kostet, ständig zu versuchen, Dinge zu ändern, die nicht zu ändern sind.

An einem kühlen Herbstmorgen kommen meine zwei Zwillingstöchter in Shorts und ihrem Lieblingstop die Treppe herunter. Die Wahl dieser Kleidung irritiert mich. Als ich sie bitte, hochzugehen und sich umzuziehen, antworten sie: Nein. Da werde ich noch ärgerlicher und meine Gedanken geraten in Fahrt: »Dass sie auch nie hören können!« »Kinder müssen ihren Eltern gehorchen.« »Was mache ich nur falsch? Was stimmt nicht mit ihnen?«

Dann erinnere ich mich. Atmen – bis in die Füße hinein. Mein Herz beruhigt sich etwas. Akzeptieren – nun, wir haben ganz einfach unterschiedliche Ansichten. Weder sie noch ich machen etwas falsch. Sie haben ein Recht zu denken, wie sie denken. Agieren – ich möchte ihre Integrität respektieren, bin aber ebenso für sie verantwortlich. Wir schließen ein Kompromiss, und ich hole ihnen langärmlige Shirts und Strumpfhosen, die sie unter die Kleider anziehen können, die sie ausgesucht haben. Nach einiger Zeit sind wir alle zufrieden und können aus dem Haus gehen. HEIDI

Gelegenheiten im Alltag finden

Jeden Tag bieten sich Ihnen eine Menge Gelegenheiten, sich für Achtsamkeit zu entscheiden. Gelegenheiten, die normalerweise unbemerkt vorbeigehen, können Sie gerne nutzen, um bewusstes Leben im Jetzt zu üben. Sie können sich dafür entscheiden aufmerksam zu sein beim:

Zähneputzen

Woran denken Sie da? Welche Gedanken haben Sie? Versuchen Sie während des Zähneputzens alle Wahrnehmungen zu beobachten. Wenn Sie Ihrem Kind die Zähne putzen, spüren Sie den Duft Ihres Kindes und die weiche Haut gegen Ihre Hand. Falls Sie in Gedanken davon schweben, wie reagieren Sie da sich selbst gegenüber? Verurteilen Sie sich? Vielleicht tun Sie gerne andere Dinge, während Sie die Zähne putzen, und erleben das als positiv.

Vielleicht planen Sie beim Zähneputzen Ihren Tag. Leider stresst Sie das, weil Sie nicht bei zwei Dingen gleichzeitig bewusst da sein können. Das bedeutet jedoch nicht, dass Sie sich das Planen während des Zähneputzens immer verbieten müssen. Für ein achtsames Leben ist es nämlich wichtig, dass Sie erkennen, wann Sie Dinge automatisch tun, und dass Sie sich frei entscheiden können. Zähneputzen und Planen funktionieren ausgezeichnet – vorausgesetzt, es ist Ihre bewusste Entscheidung.

Duschen

Diese Übung ist besonders gut für gestresste Kleinkindeltern, die im Normalfall keine Zeit für sich haben. Viele duschen täglich, warum sollte man also die paar Minuten nicht nutzen, um hier und jetzt zu sein? Fühlen Sie das

Wasser auf Ihrem Körper, fühlen Sie die Temperatur und die Kraft des Wassers, die Handbewegungen beim Einseifen, die Bewegungen Ihres Körpers beim Wenden und Bücken, den Duft der Seife.

Halten Sie Ihr Gesicht unter den Wasserstrahl und genießen Sie den Augenblick. Es ist in Ordnung, wenn Ihre Gedanken abschweifen. Achten Sie auch darauf, wie Sie sich selbst gegenüber verhalten, wenn es Ihnen nicht ganz gelingt, gegenwärtig zu sein. Verurteilen Sie sich da selbst in Gedanken? Falls Sie es vorziehen, eine Weile unter der Dusche zu planen oder nachzudenken, tun Sie das absichtlich und seien Sie sich dessen bewusst, dass Sie ebendies genau hier und jetzt tun wollten.

Ich habe mich zu einem Achtsamkeitskurs angemeldet, nachdem ich »gegen die Wand gefahren bin«, und nun mache ich die Duschübung jeden Tag ohne schlechtes Gewissen. Dann schließe ich mich im Bad ein, genieße und bin ganz bei mir. Ich kann feststellen, dass mir diese kurze Zeit viel bringt. MUTTER ZWEIER KINDER

Kochen

Jeden Tag kochen wir – da ist das eine gute Gelegenheit, bewusst zu sein: im Erleben der unterschiedlichen Konsistenzen, der Düfte, Geschmäcker, der Hand- und Armbewegungen, der Geräusche. Lassen Sie die Kinder dabei sein und reden Sie mit ihnen über das, was sie erleben. Dann werden sie gewiss auch später Interesse am Kochen haben. Überlassen Sie die Führung den Kindern und tun Sie, was sie sagen. Schauen Sie, ob Sie dazu neigen, automatisch zu übernehmen. Welche Gedanken und Gefühle tauchen da auf?

Essen

Ja, das Essen, das Sie mit solcher Einfühlung vorbereitet haben, wollen Sie schließlich auch essen. Versuchen Sie wenigstens einen Teil der Mahlzeit in Stille zu essen. Fokussieren Sie Ihre Aufmerksamkeit ganz auf das Essen, auf Farben, Formen und Geschmack. Kinder finden diese Übung wenigstens für kurze Zeit spannend. Vielleicht ist es eine gute Idee, jedes Essen mit einer stillen Zeit einzuleiten. Danach können Sie wieder miteinander reden. Und wer weiß, vielleicht bewirkt die stille Einleitung, dass Sie in Ihren Gesprächen achtsamer werden.

Vielleicht verflüchtigt sich dabei der Stress ein wenig, den die Familienmitglieder während des Tages erlebt haben. Und wenn das nicht der Fall ist, achten Sie auf Ihre Erwartungen und Gefühle. Auch das ist eine Übung in Achtsamkeit. Viele, die diese Übung ausprobiert haben, können von der Ruhe und dem Gefühl völliger Bedürfnislosigkeit berichten, das sie haben, nur weil sie sitzen und das Essen eine Weile in Ruhe genießen.

In einem Achtsamkeitskurs führten wir direkt vor Mittag eine Meditationsübung in Stille durch und gingen anschließend ins Restaurant, wo wir in Stille unser Mittagessen zu uns nahmen. In aller Stille machte sich die gesamte Zwölferschar auf den Weg. In aller Stille holten wir uns das Essen am Buffet und aßen. Erstaunlicherweise schmeckte uns das Essen viel besser. Außerdem fühlten wir uns so entspannt und bedürfnislos. In diesem Fall brauchten wir keine Angst zu haben, dass die Stille peinlich sein könnte.

VATER EINES EINJÄHRIGEN JUNGEN

Spülen

Eine schrecklich langweilige Aufgabe wie von Hand zu spülen, kann zu einer Achtsamkeitsübung werden. Auf einmal fühlt es sich besser an, zu spülen und die Küche aufzuräumen. Spülen ist nämlich eine ausgezeichnete Gelegenheit, verschiedene Wahrnehmungen zu erforschen und jedes Mal wieder zum gegenwärtigen Augenblick zurückzukehren: zum laufenden Wasser, zu einem Teller, den Sie spülen, zu den verschiedenen Temperaturen und Gerüchen.

Spazierengehen

Was fühlt Ihr Körper, wenn Sie gehen? Wie riecht es, wo Sie sich gerade befinden? Was sehen Sie? Wie klingt es? Stellen Sie fest, wenn Sie an etwas anderes denken, und kehren Sie dazu zurück »einfach zu gehen«. Diese Übung passt besonders gut, wenn Sie mit kleinen Kindern zu Hause sind und Sie nicht so viel Zeit haben, einfach zu sein. Packen Sie Ihr Kind in den Kinderwagen oder ins Tragetuch und gehen Sie spazieren.

Spielen mit dem Kind

Wenn Sie gerne mit Ihrem Kind spielen, dann bietet das Spiel eine hervorragende Möglichkeit, sich im achtsamen Da-Sein zu üben. Vergessen Sie Ihre Arbeit, vergessen Sie alles um sich herum und spielen Sie. Falls Sie nicht so gerne spielen, können Sie vielleicht etwas anderes gemeinsam tun, wie beispielsweise puzzeln oder Fußball spielen, ein Buch lesen oder malen. Hauptsache, Sie sind in ihren Gedanken anwesend und nicht irgendwo anders. Falls Sie in Ihren Gedanken davon schweben sollten, verurteilen Sie sich nicht, sondern erinnern Sie sich freundlich daran zurückzukehren.

Wenn ich dran bin, die Kinder ins Bett zu bringen, lese ich ihnen etwas vor. An manchen Abenden habe ich gar keine Ahnung, was ich da eigentlich lese, weil ich in Gedanken ganz woanders bin. Wenn ich allerdings anwesend bin und mich in den Text vertiefe, kann ich ihn den Kindern wie ein Theaterstück quasi vorspielen und die Kinder steigern sich dann richtig in die Handlung hinein.

MUTTER ZWEIER KINDER

Autofahren

Beim Autofahren präsent zu sein, ist eine Selbstverständlichkeit, und dennoch sind Sie hinter dem Steuer öfter in Gedanken, als Sie meinen. Werden Sie sich bewusst, worauf Sie Ihre Aufmerksamkeit lenken wollen, wenn Sie ins Auto steigen. Falls Sie entscheiden, sich auf die Arbeitssitzung zu konzentrieren, seien Sie sich bewusst, dass es die Entscheidung ist, die Sie selbst getroffen haben. Falls Sie Ihren gedanklichen Fokus darauf legen möchten, was Sie zum Abendessen einkaufen wollen, seien Sie sich bewusst, dass Sie sich genau dafür entschieden haben.

Versuchen Sie sich wenigstens für einen bestimmten Teil Ihrer Fahrzeit auf das Fahren selbst zu konzentrieren: auf Ihre körperlichen Wahrnehmungen, auf Ihre Hände zwischen Lenkrad und Kupplung, Ihren Fuß auf dem Gaspedal, darauf, wie sie von Ihren Augen Gebrauch machen usw.

Zuhören

Wenn Ihr Kind oder jemand anderer davon erzählt, was tagsüber passiert ist, und Sie hören ihm zu, achten Sie auf den Zeitpunkt, an dem Sie Ihre Aufmerksamkeit verlieren und an etwas anderes zu denken beginnen, z.B. daran, was

Sie erwidern wollen, wenn Sie mit Reden dran sind ...
Kehren Sie dann zum Zuhören zurück.

Massieren
Eine gute Übung vor dem Schlafengehen besteht darin,
Ihre Kinder zu massieren. Sie können ein Massageöl, z.B.
mit beruhigendem Lavendelduft, benutzen und Ihrem
Kind über Füße und Schienbeine streichen, bevor Sie mit
dem Rest des Körpers fortfahren und mit den Händen
abschließen.

Der Körperkontakt ist unglaublich wohltuend und be-
ruhigend. Es ist entspannend für Sie beide und stärkt die
Bindung zwischen Ihnen. Betrachten Sie das Gesicht Ihres
Kindes, die Hände, die Zehen, den feinen Flaum auf den
Schienbeinen und den entspannten Gesichtsausdruck. Genießen Sie die Düfte, die Stille, das Gefühl, das entsteht,
wenn Ihre Haut die Haut Ihres Kindes berührt.

Welche Signale sendet Ihr Gesicht?

Ein Säugling lernt rasch, den Gesichtsausdruck zu interpretieren. Dies wird ihn sein ganzes Leben lang begleiten:
Noch bevor sie hören, was ihre Mutter oder ihr Vater sagt,
lesen Kinder im Gesicht ihrer Eltern. Die nonverbale
Kommunikation ist also viel aussagekräftiger, als es uns
früher bewusst war. Deshalb ist es wichtig darüber nachzudenken, welchen Gesichtsausdruck Sie haben. Wussten
Sie übrigens, dass Sie, wenn Sie lächeln und lachen, tatsächlich öfter gute Laune haben?

Haben Sie gesehen, wie Ihr Gesicht aussieht, wenn Sie verärgert, enttäuscht oder gereizt sind? Können Sie sich an die ärgerlichen Gesichter Ihrer Eltern erinnern? Was fühlte Ihr Körper, wenn Sie auf diese Weise empfangen wurden?

Es kann manchmal gut sein, das in Frage zu stellen, was automatisch geschieht, wie zum Beispiel den Ausdruck in Ihrem Gesicht. Als Eltern, die bewusst leben möchten, können Sie beginnen darauf zu achten, wann Sie welchen Gesichtsausdruck zeigen. Heidis Kinder sagen, dass sie Angst haben vor ihrem »Böse-Wolf«-Gesicht. Sie beziehen es sofort auf sich, wenn ihre Mutter gestresst oder gereizt ist. Am Anfang hat sie dies von sich gewiesen, doch in letzter Zeit hat sie ihre Kinder ermutigt, ihr zu sagen, wann sie so empfinden. Dann kann sie ihre Angst bekräftigen, indem sie bestätigt: »Das stimmt, ich habe in der Tat mein ›Böse-Wolf‹-Gesicht auf.« Das verschafft ihr die Möglichkeit, innezuhalten und einige Mal durchzuatmen.

Es fällt uns sicher schwer, von den eigenen Kindern auf so etwas hingewiesen zu werden, insbesondere wenn wir uns tatsächlich böse, frustriert, traurig oder gestresst fühlen. Wenn wir jedoch die tiefe Absicht haben, präsent zu sein und keine Muster aus unserer Kindheit auf die eigenen Kinder zu übertragen, können wir es als eine Herausforderung betrachten. In gewisser Weise wird alles leichter, wenn wir die Kinder einbeziehen, weil es dann zu einer Art Spiel werden kann.

Auch dem Kind hilft es, wenn Sie über Ihre Signale und Gefühle reflektieren und sie benennen. Bevor Kinder eine Sprache haben, enträtseln sie das Leben zuerst über Symbole. Kinder können einen Wolf als Symbol für Ärger und

Zorn gut verstehen und annehmen. Eine Mutter oder ein Vater, der bewusst da ist, hilft seinem Kind zu lernen, wie man in dem, was gerade passiert, auch dann anwesend sein kann, wenn man verärgert und gereizt ist.

Nehmen Sie nicht alles so ernst

Eine Übung, die Ihnen hilft, das Positive, das um Sie herum geschieht, zu beachten, besteht darin, dass Sie einfach den Augenblick genießen, ohne ihm – wie wir es häufig tun – Interpretationen oder Gedanken hinzufügen wie: »Ach, wenn das nur ewig dauern könnte!«, »Das sollten wir öfter tun« oder: »Schon wieder Samstag, da bleibt nur noch der Sonntag, bevor es wieder Montag ist.«

Auf diese Weise können Sie lernen, eine Situation so zu erleben und zu schätzen, wie sie wirklich ist. Häufig fällen wir unbewusst ein zeitiges und stilles Urteil darüber, inwieweit etwas angenehm, unangenehm oder neutral ist.

Wenn wir gestresst, ärgerlich oder frustriert sind, können wir einen guten Teil Leben mit unseren Kindern verpassen. Wir halten ihr Lachen für unwesentlich und sehen sie nicht einmal, denn wir sind mit anderem beschäftigt. Wir haben die Wahl, unseren Kindern nur einen Augenblick lang zuzuhören oder sie richtig zu sehen. Es kostet nicht viel Zeit und bewirkt, dass unser Leben so viel reicher wird. Dasselbe können Sie tun, wenn Sie einen Vogel singen hören oder die Sonne hinter dem Horizont versinken sehen. Das Leben ist das, was Augenblick für Augenblick geschieht – warum sollten Sie also nicht dabei sein und es erleben?

Wenn zu Hause alles drunter und drüber geht, atmen Sie drei Mal tief ein. Einmal für sich selbst, einmal für Ihr Kind und einmal für das Leben und die Situation selbst. Dieser kurze Raum, den Sie sich beim Atmen schaffen, gibt Ihnen die Möglichkeit, die Situation so zu sehen, wie sie ist.

Zusammen zu lachen, ist nicht nur lustig und schön, es ist auch gesund. Müssen Sie denn alles so ernst nehmen? Können Sie manchmal über eine Situation lachen? Wagen Sie es vielleicht sogar, an den Tagen zu lachen, wenn alles schief geht? Über manche Situationen zu lachen, bedeutet nicht, dass Sie sie nicht ernst nehmen – es ist vielmehr umgekehrt. Vielleicht gibt Ihnen das Lachen die Kraft, die Situation anders zu betrachten.

Es ist Samstagabend und wir haben uns darauf gefreut, in aller Ruhe zu Abend zu essen. Mein Mann und ich sind beide müde und plötzlich fangen wir wegen nichts an zu streiten. Unsere älteste Tochter sucht fieberhaft nach einem Thema, um uns auf andere Gedanken zu bringen. »Mama, Papa, können wir nicht noch ein Schwesterchen bekommen? Könnt ihr nicht heute Abend ein Kind machen?« Mein Mann und ich schauen uns an und können nicht anders: Wir brechen in schallendes Lachen aus.   ANNA-MARIA

Wie oft hören wir unseren Kindern beim Spielen zu? Wie oft hören wir auf ihre Stimme und ihr Lachen? Wie oft verweilen wir an ihrem Bett, wenn sie eingeschlafen sind, um ihren ruhigen, friedlichen Atemzügen zu lauschen? Auch das bietet uns Eltern eine Möglichkeit, den Alltag zu genießen.

Meine schönsten Kindheitserinnerungen sind die Zeiten, wenn meine Mutter für uns Gitarre spielte und dazu sang, bis wir eingeschlafen waren. Sie saß im Flur zwischen meinem und den Zimmern meiner fünf Brüder und sang aus vollem Herzen. Ich hörte ihre Stimme und fühlte mich sicher, und jetzt, da ich selbst Mutter bin, ist es für mich selbstverständlich, jeden Abend für meine Kinder zu singen. Und ich singe sogar morgens, während ich sie ein wenig massiere. Diese Art des Zusammenseins gibt mir und meinen Kindern die Kraft, dem Leben zu begegnen. Diese Augenblicke vermisse ich am meisten, wenn meine Kinder nicht bei mir sind.

HEIDI

Einander umarmen

Man kann auch meditieren, wenn man jemanden umarmt – darüber schreibt Thich Nhat Hanh: »Wenn du ein Kind in deinen Armen hältst, wenn du deine Mutter oder einen Freund umarmst, atme drei Mal ein und aus, und dein Glück wird sich mindestens aufs Zehnfache vermehren.«

Daheim machen wir etwas, das wir Plum-Umarmen nennen, denn Thich Nhat Hanh lebt in Plum-Village. Umarmen fällt uns nicht immer leicht, wenn die Mädchen zu ihren Freunden wollen oder mit den Hasen schmusen möchten, aber manchmal halten sie kurz inne und umarmen mich zurück. Dann spüre ich ihren Duft und ihr Herz an meiner Brust. HEIDI

Lassen Sie jeden Ihrer Sinne sprechen

Folgende einfache Übung können Sie jeden Tag wiederholen oder wann immer Sie denken, das Fass würde gleich überlaufen: Setzen Sie sich mit geradem Rücken hin und lassen Sie jeden Ihrer Sinne sprechen. Machen Sie die Übung in der U-Bahn, hinter Ihrem Schreibtisch im Büro, auf dem Weg in den Kindergarten, wenn Sie Ihr Kind abholen wollen, oder aber zu Hause vor dem Fernseher.

Zählen Sie leise drei Dinge auf, die Sie in Ihrem Körper fühlen (dass es in den Füßen kribbelt, dass Ihr Magen weh tut, dass Ihr Herz schlägt), zählen Sie dann drei Gerüche auf, die Sie spüren (Ihren eigenen Duft, den Geruch nach Staub, den Essensgeruch aus der Küche), drei Geräusche, die Sie hören (eine Säge irgendwo draußen, Kinder auf dem Spielplatz, das Ticken der Uhr) und drei Dinge, die Sie sehen (einen Fleck auf dem Boden, eine Blumentapete, Ihr Mobiltelefon). Dabei ist es wichtig, dass Sie nicht denken: »Ich muss den Fleck entfernen«, sondern dass Sie ihn einfach nur wahrnehmen. Wiederholen Sie die Übung, diesmal indem Sie nur zwei Dinge und schließlich nur ein Ding aufzählen.

Die Übung hilft Ihnen dabei, in die Gegenwart zurückzukehren und lässt Sie zudem ruhiger werden. Am besten daran ist, dass Sie sie überall und jederzeit machen können, ohne dass jemand mitbekommt, wie Sie gerade Achtsamkeit üben.

Weiter oben haben wir von der Bedeutung der Akzeptanz gesprochen. Auch diese Fähigkeit können Sie trainieren, indem Sie Dinge bewusster beachten. Dabei werden Sie immer weniger dazu neigen, sich von den Gedanken und Gefühlen, die ständig in Ihnen vorüberziehen, ablenken zu lassen. Das gibt Ihnen die Chance zu kontrollieren, ob die Gedanken, die Sie zu einem bestimmten Erlebnis haben, richtig oder wahr sind, oder ob sie Übertreibungen, Verallgemeinerungen oder Schwarz-Weiß-Malerei enthalten.

Wir sind spät dran mit dem Aufbruch in Kindergarten und Schule und ich habe eine Sitzung, zu der ich nicht zu spät erscheinen darf. Ich wecke die Kinder zu spät und bitte die großen Mädchen sich anzuziehen, während ich in die Küche gehe und den Getreidebrei vorbereite. Aber statt sich anzuziehen, beginnen die Großen zu spielen. In der Zwischenzeit versuche ich den Zweijährigen anzuziehen – der alles alleine kann.

Und jetzt beginnt der Stress: »Kommt essen, JETZT!« Sie brauchen eine Ewigkeit, bis sie fertig sind, und noch viel länger, bis sie ihre Jacken angezogen haben. Ich werde laut und schreie sie an: »Versteht ihr denn nicht, dass wir es eilig haben?« Und sie erinnern mich sofort: »Eilig ist ein hässliches Wort.«

Genau über dem Haken, an dem ihre Jacken hängen, klebt ein kleiner Zettel, auf dem »Jetzt!« steht. Ich schaue darauf und atme einmal tief ein für mich selbst: für meinen Frust, meinen Ärger und für die Angst, zu spät zu kommen. Es ist o.k. Dann atme ich ein zweites Mal tief ein für meine geliebten Kinder, von denen ich den größten Teil des Tages getrennt sein werde. Schließlich atme ich ein drittes Mal für die Situation selbst ein.

O.k., das ist mein Fehler, dass wir es eilig haben, und ich bin für die Entscheidung verantwortlich, die Kinder zu spät zu wecken. HEIDI

Von unseren Kindern lernen

Als Eltern fokussieren wir häufig unsere ganze Aufmerksamkeit auf das, was wir unseren Kindern beibringen möchten; wie wir es anstellen können, dass sie in unser Leben passen. Und wir tun Dinge, von denen wir meinen, wir müssten sie tun. Aber haben Sie schon einmal darüber nachgedacht, dass auch Kinder uns vieles beibringen können? Kinder bringen Sie dazu, die Kontrolle zu verlieren, helfen Ihnen sich zu entscheiden, anders zu handeln und die kleinen Dinge im Alltag wertzuschätzen. Und sie spiegeln Ihre eigene Freude und Kreativität wider.

Als eine Mutter oder ein Vater, die/der übt, bewusst zu leben, können Sie sich entscheiden, aus dem Zusammenspiel mit Ihrem Kind zu lernen und mit ihm gemeinsam zu wachsen. Versuchen Sie immer wieder einmal, die Welt aus der Perspektive Ihres Kindes zu sehen. Das erinnert Sie auch daran, wer Ihr Kind ist und wie es der Welt begegnet.

Denken Sie darüber nach, wie Sie als Mutter oder Vater vor Ihrem Kind da stehen. Wie sind Sie als Eltern in eben diesem Augenblick? Können Sie Ihre Art zu sprechen oder zu hören ändern? Vielen Eltern fällt es schwer, objektiv zu sein, wenn sie ihre Kinder anschauen. Arbeiten Sie daran, Ihr Kind so zu akzeptieren, wie es ist. Auch dann, wenn es Ihnen ganz besonders schwer fällt. Versuchen Sie sich der Erwartungen, die Sie ihrem Kind gegenüber haben, bewusst zu werden, und überlegen Sie, ob sie für Ihr Kind tatsächlich zum Besten sind.

Wenn Sie sich ohnehin Mühe geben, auf der Ebene Ihres Kindes zu sein, versuchen Sie selbst manche Dinge als Kind zu erleben. Was fanden Sie besonders schön und lustig? Versuchen Sie dann hin und wieder genau das mit Ihrem Kind zu tun. Picknicken Sie unter dem Tisch, statt wie gewöhnlich zu Abend zu essen. Oder überraschen Sie Ihr Kind an einem Dienstagnachmittag, wenn alles grau und langweilig erscheint, mit einem Kinderbesuch.

KAPITEL 7

Kommunikation als Meditation

»Je deutlicher du auf deine innere
Stimme hörst, desto besser wirst du dem
lauschen, was um dich herum erklingt.«

DAG HAMMARSKJÖLD

Hören Sie wirklich zu, wenn Sie mit Ihrem Kind reden? Ganz automatisch antworten die meisten von uns: »Ja, selbstverständlich!« Aber mal ganz ehrlich: Passiert es Ihnen nicht, dass Sie überlegen, was Sie abends kochen wollen oder was Ihre Chefin eigentlich mit dem meinte, was sie am Vormittag zu Ihnen gesagt hat? – und zwar während Ihr Sohn Ihnen gerade erzählt, wie es in der Schule im Sportunterricht war? Passiert es Ihnen nicht auch, dass Sie über Ihre Tochter frustriert sind, die zum tausendsten Mal von irgendeiner Geschichte erzählt?

Das tun Sie selbstverständlich nicht bewusst. Und zwar vor allem deshalb, weil Sie über eine Simultanfunktion verfügen, die sich nur schwer ausschalten lässt. Vielleicht haben Sie sich den ganzen Tag abgehetzt, damit Sie Ihre Kinder rechtzeitig vom Kindergarten oder von der Nachmittagsbetreuung abholen können, und vielleicht mussten Sie Arbeit mit nach Hause nehmen. Oder vielleicht werden Sie mehr oder weniger von einem Kontext – Ihrer Arbeit – in den anderen – Ihre Familie – geworfen, ohne jede Pause, die Ihnen erlauben würde, wenigstens mental die Arbeitskleidung auszuziehen. Viele von uns lesen auf dem Heimweg in der U-Bahn oder im Bus immer noch wichtige Papiere oder führen das letzte wichtige Telefongespräch des Tages, während sie mit dem Auto auf den Parkplatz der Nachmittagsbetreuung einschwenken.

Jeden Tag entstehen Situationen, in denen Sie erst etwas beenden müssen, bevor Sie Ihrem Kind oder der Person, mit der Sie gerade reden, Ihre ungeteilte Aufmerksamkeit schenken können. In einer Kommunikation gegenwärtig zu sein bedeutet, nach innen wie nach außen ganz aufmerksam zuzuhören.

Genauso wie wir es für die anderen Achtsamkeitsübungen aus Kapitel 6 »Wie werde ich zu einem achtsamen Menschen?« erwähnten, ist es eine große Hilfe, wenn Sie für sich eine klare Absicht verfolgen – sowohl dem Gespräch und dem Zusammenleben mit anderen gegenüber als auch während des Gesprächs und des gemeinsamen Lebens. Eine solche Intention kann sein, dass Sie offen, freundlich und interessiert zuzuhören versuchen, und sich daran erinnern, dass jeder Mensch etwas zu sagen hat.

Wenn Sie achtsam und bewusst kommunizieren möchten, ist es am wichtigsten, dass Sie im Gespräch wirklich präsent sind. Das bedeutet, dass Sie auf die Reaktionsmuster achten, die sich automatisch einstellen, und dass Sie bemerken, wann Sie das Gesagte zu interpretieren beginnen oder der Person, mit der Sie gerade sprechen, nicht mit Respekt zuhören. Ebenso ist es wichtig, dass Sie erkennen: Sie können sich dafür entscheiden zuzuhören und durch dieses Zuhören bekräftigen Sie Ihr Gegenüber.

Bewusst zuhören

Um bewusst zu kommunizieren, ganz gleich ob mit Erwachsenen oder mit Kindern, können Sie an die drei Perlen der Achtsamkeit denken. Die *Akzeptanz* hilft Ihnen, offen und urteilsfrei zuzuhören. Die *Empathie* hilft Ihnen, die Sache aus dem Blickwinkel ihres Gegenübers zu betrachten. Die *Integrität* bewirkt, dass der Zuhörende das Problem nicht selbst übernimmt, sondern seinem Gesprächspartner offen und respektvoll zuhört. Hier finden Sie drei Beispiele von unterschiedlichen Zuhörern:

Sie sitzen und reden mit einer Freundin und erzählen ihr von etwas wirklich Ärgerlichem, dass Sie neulich erlebt haben. Es fällt Ihnen schwer zu erzählen und doch möchten Sie es gerne loswerden. Ihre Freundin schaut Ihnen mitleidig zu und sagt: »Genauso war das bei mir, als ...« Sie verlieren den Faden, hören ihr aber freundlich zu und nehmen dann einen neuen Anlauf. Sie ist eine Weile still, doch dann sagt sie: »Mein Gott, ja, ich weiß genau, wie man sich da fühlt. Als mein ...« Und dann folgt ihre nächste Ausführung. Sie schweigen, hören zu und geben es auf, von Ihrem Dilemma zu erzählen.

Kennen Sie solche Situationen? Die meisten von uns tun das. Überall gibt es Menschen, die in jeder Situation freudig das Wort ergreifen. Menschen, die den Eindruck erwecken, sie würden zuhören, die jedoch nur darauf warten, ihre eigene Version ins Gespräch zu bringen. Hier kann man feststellen, dass es dem Gesprächspartner schwer fällt, empathisch zuzuhören. Ihre Freundin möchte vermutlich zeigen, dass sie sich mit Ihnen und Ihrer Situation identifizieren kann. Mit großer Wahrscheinlichkeit ist es jedoch so, dass sie auch im Normalfall viel Platz einnimmt und daran gewöhnt ist, gesehen und gehört zu werden. Ebenso ist es im nächsten Fallbeispiel:

Ihre Freundin hört Ihnen eine Weile zu und sagt dann: »Hast du denn nicht das und das versucht? Oder jenes? Warum hast du das so gemacht?« Auch jetzt reagieren Sie, indem Sie den Faden verlieren und still werden. Doch bald fahren Sie fort, nur um wenige Minuten später erneut unterbrochen zu werden: »Also ich hätte das so gemacht. Ich verstehe nicht, warum du nicht ...« Nun verstummen Sie vollends und gehen innerlich in Abwehrstellung. Bald befinden Sie sich mitten in einem Gespräch darüber, warum Sie nicht so oder anders gehandelt haben. Über Ihr eigentliches Dilemma werden Sie nicht mehr erzählen.

Diese Situation ist ähnlich häufig. Hier zieht die Zuhörerin das Problem ganz auf sich und fokussiert sich auf die Lösung. Die Integrität dabei fehlt völlig, und das Gespräch selbst bleibt auf der Strecke. Vermutlich handelt Ihre Gesprächspartnerin ganz und gar gutwillig. Sie möchte Ihnen helfen, Ihr Problem zu lösen – doch Sie wollen vielleicht einfach nur erzählen. Und dann gibt es noch die dritte Art von Zuhörer:

Ihre Freundin unterbricht Sie: »Ist das wahr? Wie konntest du nur so etwas tun? Das kann ich nicht verstehen! Was hast du dir denn dabei gedacht?« Auch hier verlieren Sie den Faden und nehmen innerlich eine Abwehrhaltung ein oder Sie erkennen, dass Sie sich tatsächlich dumm verhalten haben. Wie auch immer: Das Gespräch ist beendet und Ihre Hoffnung sich auszusprechen vereitelt.

Hier fällt die Zuhörerin ihr Urteil über Sie, ohne überhaupt zu versuchen, sich in Ihre Situation hineinzuversetzen. Mit ihrer Art zuzuhören legt sie weder Akzeptanz noch Empathie an den Tag. Und Ihre Integrität geht dabei ebenso verloren.

Wem zugehört wird, der wird stark

Auch als kommunizierende Eltern funktionieren wir so. Wenn unsere Kinder von etwas erzählen, was sie vielleicht während der Schulzeit erlebt haben, neigen wir dazu, uns einzumischen oder gar zu urteilen; oder aber wir übernehmen selbst das Problem und finden rasch zwei, drei Lösungen dafür. In kleinen Mengen ist der Ansatz aller drei Arten zuzuhören gut. Problematisch wird es jedoch dann, wenn zu viel von einer Art des Zuhörens dabei ist – und das ist meist der Fall. Es geschieht nur äußerst selten, dass wir einfach dasitzen, zuhören und zeigen, dass wir für den anderen da sind.

Die meisten von uns brauchen nichts anderes als einen empathischen Menschen, der urteilsfrei zuhört und keine unerbetenen Lösungen liefert. Indem wir nämlich von einem Dilemma erzählen, können wir eine Situation selbst besser verstehen.

Die Art und Weise, wie Sie mit Ihrem Kind kommunizieren, beeinflusst sein Leben in allerhöchstem Maß. Wenn Sie offen kommunizieren und dabei nicht urteilen, helfen Sie Ihrem Kind, sein Selbstwertgefühl und sein Selbstvertrauen zu stärken. Auch das Vertrauen Ihres Kindes zu anderen wächst dabei. Wenn Sie Ihrem Kind zuhören, dann wird es lernen, seinen Platz zu finden; und die Wahrscheinlichkeit ist groß, dass es in Zukunft selbst klar und sicher kommuniziert.

Dieses Kind wird mit größter Wahrscheinlichkeit sein Leben lang bessere Chancen haben. Denn im Leben geht es größtenteils um Kommunikation und darum, dass man auf gesunde Art und Weise seinen Platz einnimmt. Wenn ein Kind so aufwachsen darf, weiß es, dass andere wissen wollen, was es selbst denkt, und dass dies von Bedeutung ist. Ebenso hilft es dem Kind, in einem bestimmten Zusammenhang seinen Platz einzunehmen.

Stellen Sie sich vor, Ihr Sohn verabscheut Blutwurst, die es im Kindergarten jeden Montag gibt. Er hat gelernt, alles zu probieren, was vorgesetzt wird, und das hat er auch bei Blutwurst getan, aber er mag sie wirklich überhaupt nicht. Sie merken, dass ihn irgendetwas bedrückt, und schließlich kommt es heraus, dass ihm die Blutwurst Kopfzerbrechen bereitet. Sie beschließen gemeinsam, zur Erzieherin zu gehen und mir ihr zu reden, damit er das nächste Mal etwas anderes zu essen bekommt. Hoffentlich ist die Erzieherin genauso klug wie Sie, hört Ihnen zu und erkennt, dass Ihr Sohn sich wirklich Mühe gegeben hat. Und das nächste Mal, wenn Blutwurst auf dem Speiseplan steht, bekommt er etwas anderes zu essen, auch wenn es etwas Einfaches ist wie vielleicht Müsli oder ein belegtes Brot.

Überlegen Sie, wie sich diese Situation auf das Selbstwertgefühl Ihres Sohnes niederschlägt. Er hat für seine Sache argumentiert, sein Problem wurde ernst genommen, und man hat auf ihn gehört. Hätte man nicht auf ihn gehört, hätte er schnell gelernt, dass seine Ansichten keinen Wert haben. Selbstverständlich kann man nicht sämtliche Wünsche der Kinder erfüllen und das soll man auch nicht tun, aber zuhören und diskutieren und zeigen, dass man ihre Ansichten ernst nimmt, ist jederzeit möglich.

Ändern Sie die Kommunikationsmuster

Kinder lernen reden, indem sie die Kommunikationsweise der Eltern mit dem Kind widerspiegeln. Wie beim Elternsein allgemein handelt es sich auch hier um Sie selbst und darum, dass Sie die Muster, die Sie als Kind gelernt haben, gerne weitergeben. Bewusst zu kommunizieren bedeutet nicht, dass es eine richtige und eine falsche Art der Kommunikation gibt. Aber es bedeutet, dass Sie beginnen in Frage zu stellen, was Sie automatisch tun. Und den Scheinwerfer auf ihre automatische Art zu kommunizieren richten und überlegen, ob das die beste Art darstellt.

Als kleines Mädchen in den siebziger Jahren hatte ich großen Respekt vor Erwachsenen. Nun möchte ich meinem Kind beibringen, den Erwachsenen den gleichen Respekt und die gleiche Artigkeit entgegenzubringen wie den Kindern auch. Die Mädchen wissen, dass es wichtig ist aufeinander, aber auch auf uns Erwachsene zu hören, und dass manche Dinge, die wir ihnen beibringen, ihnen eine Hilfe im Leben sein sollen.

Neulich waren wir mit meiner Schwiegermutter im Wald spazieren, da begann meine Älteste ihre Großmutter freudig und mit einer großen Portion Humor zu »dressieren«: »Hopp, auf den Stein, Oma!« und Ähnliches. Die Großmutter gehorchte freundlich, während mir die Situation immer unangenehmer wurde, bis ich schließlich sagte: »Als ich klein war, hatte ich Respekt vor älteren Menschen, und ich denke, dass du das auch haben solltest.« Meine Tochter blieb stehen, schaute mich lange an und rief dann aus: »Und das erzählst du mir erst jetzt, wo ich neun bin!« ANNA-MARIA

144

Dies ist ein ausgezeichnetes Beispiel dafür, wie ein Kind, das daran gewöhnt ist, dass man ihm zuhört, es wagt, seinen Platz zu behaupten. Sie nimmt ihre Großmutter sowie auch andere Erwachsene als ihresgleichen wahr und nicht so, wie viele von uns, die heute Eltern sind, es gelernt haben, unsere Großeltern zu behandeln. Und um ehrlich zu sein, war es doch die Verantwortung der Großmutter etwas zu sagen, wenn ihr das Spiel nicht mehr passte.

Nach einem Achtsamkeitskurs für Eltern kam ich nach Hause zu meinem neunjährigen Sohn, der sich über den kaputten Computer ärgerte. Ich ging ganz ruhig in sein Zimmer und achtete darauf zu atmen, genauso wie ich es im Kurs gelernt hatte.

Ich fragte, ob er wollte, dass ich ihm helfe, und das bejahte er. Als ich mich jedoch an den Computer setzte und loslegen wollte, begann er gemeine Kommentare von sich zu geben. Ich schaute ihn an und sagte freundlich, aber bestimmt, dass ich nicht daran dächte, ihm weiter zu helfen, wenn er sich so aufführte. Da begann er zu schreien. Ich schaffte es dennoch, meine Ruhe zu bewahren, und sagte, ich würde ihm helfen, sobald er freundlicher mit mir reden würde. Er rauschte aus dem Zimmer und schlug die Tür hinter sich zu.

Als er abends ins Bett wollte, sagte er zu mir: »Mama, als du heute mit mir geredet hast, war deine Stimme anders als sonst. Du hast dich irgendwie bestimmter angehört.« Da dachte ich: Yes! Der Kurs funktioniert! Ich fühlte, dass ich, sobald ich entschieden handelte, ganz im Jetzt war. Ich musste nicht schreien oder mich wie ein Kind benehmen. MUTTER VON DREI KINDERN

Die Mutter aus diesem Beispiel wurde mit der Situation fertig, indem sie teils ihren Sohn das Problem lösen ließ, teils Integrität zeigte und nicht zuließ, dass ihr Sohn in einer Art und Weise mit ihr redete, die beleidigend und kränkend war. Indem sie ihm sagte, sie würde ihm helfen, allerdings erst, wenn er sich ihr gegenüber freundlich verhielte, zeigte sie ganz deutlich, dass sie zuhörte, bereit war zu helfen, während sie aber gleichzeitig eine Grenze setzte und ihre eigene Würde bewahrte.

Zuhören als Meditation

Haben Sie schon einmal erlebt, dass Sie beim Telefonieren mit jemandem ein ganz deutliches Gefühl haben, dass Ihr Gesprächspartner nicht wirklich anwesend ist, sondern sich von irgendetwas stark ablenken lässt? Wenn man dies am Telefon so stark wahrnehmen kann, wie sollen es da Ihre Kinder oder Ihr Partner nicht fühlen, wenn sie direkt vor Ihnen stehen?

Versuchen Sie zu bemerken, wann Sie beginnen an etwas anderes zu denken, wenn Sie einem Menschen zuhören, von dem Sie zu wissen meinen, was er Ihnen erzählen will. Die meisten von uns haben die – vielleicht ganz unbewusste – Angewohnheit, an andere Dinge zu denken, wenn unsere Kinder uns immer wieder dasselbe erzählen. Das ist schade, denn Kinder besitzen die Fähigkeit, ganz andere Dinge zu kommunizieren, wenn sie etwas zum zweiten oder dritten – oder vierten – Mal erzählen.

Indem Sie Ihr Kind anschauen, wenn es mit Ihnen spricht, und ihm Ihre volle Aufmerksamkeit zukommen lassen, zeigen Sie, dass Sie die Integrität Ihres Kindes respektieren. Aufmerksames Zuhören gibt auch Ihnen die Möglichkeit, Ihre neu erworbene Fähigkeit, zu Ende zu hören, zu trainieren. Bewusstes Zuhören kann man in der Tat mit einer Meditationsübung vergleichen.

Verfolgen Sie den Gesichtsausdruck, die Körpersprache und den Tonfall Ihres Kindes, wenn es etwas erzählt. Hören Sie auch darauf, was Ihr Kind zwischen den Zeilen sagt. Beachten Sie seine Gesten und sein Engagement. Versuchen Sie, die Situation zu genießen.

Das hilft Ihnen dabei, aufmerksam zu sein; und Sie werden merken, dass es Ihnen einfacher fällt aufzunehmen, was Ihnen Ihr Kind erzählt.

Respektieren Sie die Ansichten Ihres Kindes

Beim bewussten Zuhören und Kommunizieren handelt es sich nicht ausschließlich darum, was wir mit Worten ausdrücken. Die Wissenschaft zeigt, dass es bei der Kommunikation zu einem immer größeren Teil darum geht, was wir über unsere Körpersprache, den Augenkontakt und unsere Stimmlage vermitteln. Das gilt, wenn wir zuhören und wenn wir reden. Wenn alles an uns achtsam ist – nicht nur unsere Zunge und unsere Ohren –, nehmen wir Informationen auf ganz andere Art auf.

Der fünfzehnte Geburtstag unseres Sohnes stand bevor. Er wünschte sich einen CD-Player für sein Zimmer, und wir fanden einen günstig bei einem Discounter. Als der Geburtstag kam und wir das Geschenk überreichten, war das Geburtstagskind ebenso gespannt wie wir selbst. Er bedankte sich, sagte aber dann: »Den möchte ich nicht haben – einer meiner Freunde hat genau die gleiche Marke, und das Gerät hat einen ganz schlechten Sound.« Wie schauten einander an und beschlossen, es positiv zu sehen, dass er es wagte »nein, danke« zu sagen. Das hätten wir uns als Kinder selbst niemals getraut – wir hätten uns bedankt und das Geschenk mit einem unangenehmen Gefühl von Undankbarkeit und Enttäuschung in Empfang genommen. Und jedes Mal, wenn wir Musik gehört hätten, hätten wir uns über uns selbst und über unsere Eltern geärgert, die es nicht besser verstanden. Nun wagte es unser Sohn zu sagen, was er dachte, und er tat dies höflich und direkt! Und da sich der CD-Player umtauschen ließ, entschieden wir, dass sich unser Sohn einen neuen aussuchen durfte. Den Preisunterschied sollte er aus seinen Ersparnissen begleichen.

MUTTER VON DREI KINDERN

Indem Sie Ihrem Kind wirklich zuhören und seine Ansichten respektieren, helfen Sie ihm, sich zu einem selbstständigen Individuum und nicht zu Ihrem eigenen Spiegelbild zu entwickeln. Wenn Sie ihm zuhören und erlauben, seinen Standpunkt darzulegen, helfen Sie ihm dabei, seine eigene Integrität zu behaupten. Das bedeutet auch, dass Sie, falls Sie bei einem Streitgespräch landen, die Argumente Ihres Kindes ernst nehmen und nicht einfach die Linie fahren: »Als Erwachsener weiß ich es besser.«

Wenn Sie den Argumenten Ihres Kindes zuhören, wenn es Ihnen erklärt, warum es im Kindergarten keine langen Hosen anziehen möchte, und wenn Sie gelegentlich nachgeben, bedeutet das nicht, dass Sie als Mutter oder Vater keine Grenzen setzen können. Nein, da kann man Ihnen nur gratulieren. Sie helfen gerade einem kleinen Individuum, zu einem demokratischen und empathischen Menschen zu werden.

Nehmen Sie sich Zeit

Wer mit Kindern lebt, weiß, wie leicht es Erwachsenen fällt, das Gespräch an sich zu reißen und die Sätze der Kinder zu beenden, bevor sie zu Ende gesprochen haben; oder aber zu antworten, bevor sie alles deutlich erzählt haben. Manchmal fehlt uns die Geduld, manchmal meinen wir ganz einfach, wir wüssten bereits, was das Kind uns sagen möchte. Indem wir so handeln, schmälern wir allerdings das Vertrauen des Kindes zu sich selbst und zu uns als Eltern. Damit zeigen Sie auch – selbst wenn es unbewusst geschieht –, dass das Kind es nicht wert ist, dass man ihm zuhört, und dass Sie als Eltern alles besser können.

In den meisten Familien gibt es täglich Situationen, in denen das Kind etwas zum »falschen Zeitpunkt« erzählen möchte, zu einem Zeitpunkt also, wenn die Mutter oder der Vater mit etwas anderem beschäftigt ist. Genauso wie wir es am Anfang dieses Kapitels schreiben, ist es dann gut, wenn Sie die Situation ganz kurz beurteilen. Wie wichtig ist es, dass Sie in eben diesem Augenblick zuhören? Vergleichen Sie dann Ihr Urteil damit, wie wichtig es ist, dass Sie selbst beenden, was Sie gerade tun. Danach entscheiden Sie, ob Sie Ihr Kind bitten möchten, einen Augenblick zu warten, oder ob Sie ihm gleich zuhören wollen. Damit handeln Sie sowohl Ihrem Kind als auch sich selbst gegenüber respektvoll.

Sie können sich bei einem schwierigen Gespräch auch der drei As bedienen, so wie Sie es im letzten Kapitel gelesen haben: *atmen*, *akzeptieren* und *agieren*. Das kann Sie darin bestärken, weniger schnell den Autopiloten in Gang zu setzen. Indem Sie für kurze Zeit mit Ihrem Atem oder Ihren körperlichen Wahrnehmungen bewusst im Jetzt sind, können Sie wieder offen hören und kommunizieren. Wenn Sie achtsamer geworden sind, können Sie sich schnell folgende Fragen stellen:

- Ist das, was ich gerade tue, wichtiger als dem zuzuhören, was der Mensch mir gegenüber sagen möchte?
- Kann das, was der Mensch mir gegenüber sagen möchte, warten?
- Wenn ja, wann bin ich bereit, ihm zuzuhören?

Falls Sie die ersten zwei Fragen mit »ja« beantworten, kann es gut sein, dass Sie freundlich antworten: »Nein, ich kann im Augenblick nicht, denn ich kann dir nicht zuhören, während ich mit dem fortfahre, was ich gerade tue. Aber in fünf Minuten kann ich hören, was du mir sagen möchtest.« Das ist viel besser, als so zu tun, als würden Sie zuhören, und in Gedanken doch ganz woanders zu sein. Das ist auch besser, als gewohnheitsmäßig etwas von sich zu geben wie »Ach, wie schön!« oder aber »Siehst du denn nicht, dass ich gerade beschäftigt bin!«

Doch das funktioniert natürlich nicht immer. Ein kleines Kind kann leicht vergessen, was es erzählen wollte. Einem etwas älteren Kind können Sie vielleicht helfen, indem Sie es bitten, kurz zu sagen, worum es geht, damit Sie es daran erinnern können, sobald Sie fertig sind.

Eines Abends sagte meine älteste Tochter: »Ich habe gelernt, was ich machen kann, statt zu unterbrechen. Wenn ich etwas sagen will, mache ich so ...«, und sie legte ihre Hand auf die Schulter desjenigen, der gerade redete. Das ist inzwischen unser Zeichen dafür, dass wir etwas sagen wollen, wenn derjenige, der gerade redet, fertig ist. ANNA-MARIA

Eine Mutter, die gerade einen Abendkurs zum Thema »achtsame Eltern« beendet hatte, erzählte über ihre Absicht, bei ihrer Heimkehr am selben Abend darauf zu achten, wie sie mit ihren Kindern kommunizierte. Sie hatte sich schon länger erschöpft gefühlt und gemerkt, dass ihr oft die Geduld fehlte. Im selben Augenblick, als sie – ganz beflügelt – zur Türe hereintrat, fragte einer ihrer Söhne, ob das Essen denn nicht bald fertig sei. Sie meinte, sie würde gleich explodieren, erinnerte sich aber dann an ihren Wunsch zu versuchen, mit den Kindern anders zu kommunizieren, und hielt kurz inne, um zu überlegen.

Sie beschloss zu atmen und schaffte es anschließend zu analysieren, wo eigentlich das Problem lag. Das hilft, um zu verstehen, weshalb man ein bestimmtes Gefühl hat, aber auch, wenn man wissen will, was man tun kann, um eine Situation zu verbessern. Die Mutter aus dem obigen Beispiel teilte das Problem in verschiedene Punkte auf:

- Ich bin müde.
- Ich habe den Eindruck, dass ich zu viel arbeite.
- Ich denke, dass es eigenartig ist, dass ich auf dem Zahnfleisch krieche, während die Kinder »nur« spielen.
- Ich möchte, dass die zwei ältesten bei der Hausarbeit mitmachen.

Das Wort »nur« in Punkt drei spiegelte eine Frustration dieser Mutter, von der sie befürchtete, dass sie sich in der Kommunikation mit ihren Kindern niederschlagen würde; und die Mutter wollte nicht, dass sich diese beschuldigt fühlten.

Als das Problem durch die Aufgliederung konkreter geworden war, bereitete sie sich auf ein Gespräch mit ihren Kindern vor. Sie wünschte sich in erster Linie, dass sie beim Essenvorbereiten helfen. Das sie gerade von einem Achtsamkeitskurs kam, war sie sich dessen bewusst, wie wichtig es ist, ihr Bedürfnis, dass sie sich an der Arbeit beteiligen, zu beschreiben, ohne den Kindern irgendeine Schuld zuzuweisen. Sie setzte ihren Bericht folgendermaßen fort:

Als wir Eltern am Sonntag die kommende Woche planten, bat ich die Jungen, dabei zu sein. Ich erklärte ihnen, dass ich das Gefühl hatte, ich bräuchte ihre Hilfe beim Essenzubereiten. Ich schlug vor, dass jeder von ihnen jeden zweiten Tag fürs Abendessen einkaufen, das Essen vorbereiten, den Tisch decken und abdecken und spülen sollte. »O.k.«, sagten beide und begannen gemeinsam Listen zu schreiben mit dem, was sie einkaufen wollten. Das hatte ich also geschafft! Ich hatte niemanden mit Schuld belegt, und alle waren zufrieden. Natürlich weiß ich, dass es weiterhin viel Arbeit machen wird, diese neue Arbeitsteilung in Gang zu halten, doch irgendwo muss man schließlich anfangen.

Häufig ist es schon ausreichend, wenn uns unsere eigenen Bedürfnisse klar sind und wir es wagen, unsere Kinder um Hilfe zu bitten. Das zeigt einerseits, dass wir als Eltern unsere eigene Integrität haben; und andererseits machen wir damit deutlich, dass wir unseren Kindern vertrauen. Viele Psychologen können bezeugen, dass es für Kinder ebenso wie für Erwachsene wichtig ist, das Gefühl zu haben, gebraucht zu werden. Kinder schaffen mehr, als wir meinen, wenn wir es nur wagen, unser Kontrollbedürfnis beiseite zu schieben.

Destruktive und konstruktive Wut

Wut kommt in allen Familien vor, und selbst die besten Eltern sind gelegentlich wütend. Die Wissenschaft zeigt jedoch, dass in Familien, in denen viel Wut herrscht, die Kinder negativ beeinflusst werden können.

In mehreren der Beispiele, die wir hier anführen, waren die Eltern geistesgegenwärtig genug, um innezuhalten und ein paar Mal durchzuatmen, statt mit Wut zu reagieren. Solange wir es vermeiden, unsere Wut so zu benutzen, dass wir dem Kind Angst einjagen oder es manipulieren, ist Wut nicht zwangsläufig gefährlich. Aber sie kann dazu führen, dass das Kind Schuldgefühle bekommt, weil es äußerst empfänglich ist für die Botschaft: »Irgendetwas stimmt nicht mit dir.« Am besten ist es, wenn man versucht, Zeit und Kraft darauf zu verwenden, seine Wut – bei der es im Grunde um primäre und sekundäre Gefühle geht – zu betrachten.

Der Auslöser der Wut selbst – wenn beispielsweise die fünfzehnjährige Tochter Freitagabend lange nach der vereinbarten Uhrzeit nach Hause kommt, während der Vater außer sich vor Angst die ganze Zeit wach lag – wird primäres Gefühl genannt. Die sekundären Gefühle bestehen darin, dass der Vater seine Gefühle zeigt, indem er wütend schreit und schimpft.

In diesem Fall wäre es gut, wenn er einen Augenblick lang über seine Wut nachdenken – atmen! – und über seine Gefühle reden würde: »Bin ich froh, dass du da bist! Ich war sehr beunruhigt und dachte, es wäre etwas passiert. Und dann bin ich richtig sauer, weil ich nicht schlafen konnte.« Auf diese Wiese hätte er die Würde seiner Tochter bewahrt und ihr gleichzeitig gezeigt, welchen Einfluss ihr Verhalten auf ihn ausübt.

Natürlich schreien wir alle hin und wieder. Unsere Wut jedoch als Strafe einzusetzen, als eine Art Methode, damit unser Kind »eine Lektion lernt«, ist nicht gut. Versuchen Sie herauszuspüren, ob Sie wütend werden, weil Sie wirklich wütend sind, oder ob Sie in erzieherischem Bewusstsein wütend handeln, nur weil Sie meinen, Grenzen setzen zu müssen.

Spielen Sie Ihre eigene Papa-oder-Mama-Musik oder haben Sie sie irgendwo anders gehört und ausgeliehen? Sind Sie Sie selbst, sind Sie als Eltern authentisch, oder spielen Sie die Musik Ihrer Eltern, weil Sie meinen, sie spielen zu müssen? Versuchen Sie einen Augenblick innezuhalten und tief durchzuatmen. Denken Sie dann darüber nach, was Sie selbst mit dem Gespräch beabsichtigen.

Kommunizieren ist keine einfache Kunst

Der amerikanische Psychotherapeut Harville Hendrix hat eine Art Beziehungstherapie entwickelt, die sogenannte Imago-Therapie, die unter anderem Psychologie, kognitive Therapie und westliche Spiritualität verbindet. Harville

Hendrix, der zusammen mit seiner Frau das Buch *So viel Liebe wie mein Kind braucht* geschrieben hat, beschreibt eine Art zu kommunizieren, die dem Kind hilft, sich beachtet zu fühlen: indem man seine Integrität respektiert und gleichzeitig seine Gefühle akzeptiert und Empathie zeigt.

Diese Art der Kommunikation gründet größtenteils auf Spiegelung und wird aktives Zuhören genannt. Es bedeutet, dass wir die vom Kind vermittelte Botschaft spiegeln und auf diese Weise zeigen, dass wir sie gehört und verstanden haben.

Wenn wir so kommunizieren, zeigen wir auch, dass wir die Sache aus der Perspektive des Kindes betrachten können – was aber nicht zwangsläufig bedeutet, dass wir damit auch einverstanden sind. Indem wir so kommunizieren, zeigen wir, dass wir dem Kind gegenüber empathisch und verständnisvoll sind. Diese Art der Kommunikation kann ein tiefes Gefühl der Zusammengehörigkeit entstehen lassen.

Wenn die kleine Schwester die Aufmerksamkeit ihrer großen Schwester haben möchte, haut sie sie oder beginnt zu randalieren. Für die sechsjährige ältere Schwester kann das mitunter frustrierend sein und ab und zu schreit sie ihre kleine Schwester an.

Wenn ich die kleine Schwester bekräftige, indem ich ihr zeige, dass ich verstehe, wie sie sich fühlt, löst sich das Problem oft von allein. So frage ich sie beispielsweise, ob sie mit ihrer großen Schwester spielen möchte. Darauf antwortet sie mit »ja«. »Fühlst du dich schlecht, wenn sie nicht mit dir spielen will?« »Ja.«

Das Gleiche mache ich mit der großen Schwester, das heißt ich bekräftige, wie frustrierend es mit einer kleinen Schwester sein kann, von der man ständig bedrängt wird, weil sie von ihrer großen Schwester so entzückt ist. Oftmals reagiert dann die ältere Schwester mit Mitgefühl, und das Ganze regelt sich, indem die kleine Schwester zumindest für eine Weile dabei sein darf.

HEIDI

Der Psychologe Thomas Gordon beschreibt in seinen viel geschätzten Büchern über Erziehung, wie man Kindern aktiv zuhört. Er beschreibt Kommunikationsweisen, die Kinder daran hindern, sich verständlich zu machen. Thomas Gordon greift zwei Kommunikationsmethoden auf: Die Du-Botschaft, die die Kommunikation zum Erliegen bringt, und die Ich-Botschaft, die den anderen nicht schuldig spricht, die Kommunikation nicht beendet und den Gesprächspartner nicht in eine Verteidigungsposition zwingt. Gordon zeigt, wie wichtig es ist herauszufinden, bei wem das Problem eigentlich liegt. Und er zeigt auf, dass man auch mit Lob vorsichtig umgehen muss.

Eine typische Art der Kommunikation in der Du-Botschaft kann so aussehen: »Du solltest doch dein Zimmer aufräumen! Warum hast du das nicht getan? Du warst mal wieder zu faul!« Vermutlich kann man in den meisten Familien ab und zu solche Sätze hören. Eine bessere Art, denselben Wunsch verlauten zu lassen – dass nämlich das Kind sein Zimmer aufräumen soll –, besteht darin, die Ich-Botschaft anzuwenden und zu sagen, was wir vom Kind wirklich wollen: »Ich fühle mich echt gereizt und enttäuscht, dass du dein Zimmer nicht aufgeräumt hast. Das gibt mir das Gefühl, dass du mich nicht respektierst. Außerdem denke ich, dass es deine Aufgabe ist, dein Zimmer aufzuräumen.«

In Verbindung mit dem Problembesitz – zu diesem Thema können Sie weiter unten mehr lesen – unterstreicht Thomas Gordon, wie wichtig es ist, das Problem des Kindes nicht zu übernehmen, obwohl wir in unserem Wunsch zu helfen oftmals dazu neigen. Wir können jedoch unser Kind bestärken und ihm zeigen, dass wir da sind, um es zu unterstützen und ihm zuzuhören; und wenn es das Kind wünscht, ihm auch einen Rat zu geben. Damit helfen Sie dem Kind, selbst Lösungen für seine Probleme zu finden, was ihm sein ganzes Leben lang von großem Nutzen sein wird.

Im Unterschied zu meinen Freunden konnte ich als Kind vieles selbst regeln: Wollte ich eine Barbiepuppe haben, musste ich einfach sparen und sie mir von meinem eigenen Geld kaufen. Als ich mir als Teenager ein Gangfahrrad wünschte, brauchte ich bloß einen Extrajob zu suchen, um mir meinen Wunsch leisten zu können. Als ich soweit war, meinen Führerschein zu machen, arbeitete ich an Wochenenden und Feiertagen und finanzierte mir so den Führerschein. Mit meiner ersten Wohnung und meinem ersten Job musste ich allein klar kommen.
Meine Eltern griffen nie zum Telefon, um irgendetwas zu regeln oder eventuelle Schwierigkeiten zu lösen. Doch ich wusste, dass sie immer da waren, um mir einen Rat zu geben oder mit mir zu spielen. Ich lernte sehr früh, meine Probleme selbst zu lösen. War das mühsam? Ganz und gar nicht. War es nützlich? Ja, sehr! Nun erlebe ich mit meinen eigenen Kindern einen schwierigen Balanceakt: Wo es nur geht, möchte ich ihnen gerne helfen, aber ich möchte gleichzeitig auch, dass sie ihre eigene Stärke finden und lernen, sich selbst zu vertrauen ...   MUTTER VON ZWEI KINDERN

Wem gehört das Problem?

Wenn das Kind ein Problem hat, reagieren die meisten Eltern instinktiv und wollen es lösen. Das kann unterschiedlich aussehen. Entweder neigen wir dazu, das Problem zu verneinen: »Mama, ich bin hässlich!« »Nein, das bist du überhaupt nicht! Du bist total süß!« Oder aber wir rücken gleich aus und versuchen das Problem zu lösen: »Mama, ich bin hässlich!« »Warte, bis wir deine Haare gemacht haben …« Wir können uns ebenso dafür entscheiden zu ignorieren, was unser Kind sagt, oder es abzumildern. »Hör auf, du spinnst, du bist die Allerhübscheste auf der Welt, das weißt du genau!«

Eltern sind sehr schnell dabei, das Problem des Kindes zu übernehmen, meist weil sie es gut meinen. Schließlich ist unser Kind das Beste und Wertvollste, was wir haben, und natürlich müssen wir ihm helfen! Aber wir tun das auch, weil wir meinen, es besser zu wissen, schließlich sind wir ja erwachsen und Eltern. Indem wir jedoch das Problem übernehmen, ganz gleich, ob wir es lösen, ignorieren oder verneinen, berücksichtigen wir nicht die Integrität unseres Kindes. Und wir zeigen ihm weder Akzeptanz noch Empathie.

Oftmals reicht es, wenn wir lediglich zeigen, dass wir gehört haben, was unser Kind sagte; wenn wir ihm zeigen, dass wir seine Gefühle bestärken, und unser Vertrauen bekunden, dass es das aufgetretene Problem selbst lösen kann. Vielleicht vergessen wir dabei, dass wir oft unbewusst unsere eigenen Probleme auf das Kind übertragen. Das tun wir, indem wir uns der Du-Botschaft bedienen: »Du hast dich immer noch nicht angezogen. Jetzt sind wir wieder spät dran, weil es dir egal ist, dass wir weg müssen. Du kannst nur spielen und an dich selbst denken.«

Wenn wir so reden, geben wir unserem Kind Schuld. Wir möchten weg und sind gestresst, weil wir neun von zehn Mal Termine einhalten müssen. Eine Alternative besteht darin, dass Sie Ihren Stress bemerken und dies dem Kind erklären: »Ich bin gestresst, weil ich eine wichtige Sitzung habe, und das macht mich nervös. Ich verstehe, dass du dich ausgerechnet jetzt, wo du so viel Spaß hast, nicht anziehen magst. Komm, ich helfe dir dabei.« Auf diese Weise geben Sie nicht dem Kind die Schuld, sondern übernehmen selbst die Verantwortung für Ihr Problem. Indem Sie das Kind spiegeln und bestärken, helfen Sie ihm, sich fertig zu machen, damit Sie gemeinsam weggehen können.

Kinder sind klug, manchmal klüger als wir Erwachsene denken. Das heißt, dass sie häufig merken, wenn wir sie zu manipulieren versuchen, indem wir sie loben, ob es nun passt oder nicht. Deshalb ist es wichtig, dass Sie auch wirklich meinen, was Sie sagen.

Wenn Sie Ihrem Kind sagen, es sei wichtig, dass es sich anzieht und sich auf den Weg zur Schule macht, haben Sie eine größere Chance, Ihr Kind zum Mitmachen zu bewegen, als wenn Sie Dinge sagen wie: »Du kannst dich doch sonst so toll allein anziehen, mal schauen, ob du das auch heute schaffst …«

Hören Sie auf sich selbst

Vermutlich werden Sie äußerst selten barsch und unwirsch reagieren, wenn Sie mit einer unbekannten Person reden, oder? Und doch tun wir ebendies, wenn wir mit den Menschen sprechen, die uns nahe stehen, mit unserem Partner oder unseren Kindern. Das geschieht häufig, wenn wir gestresst oder gereizt sind. Wenn wir unser Kind um etwas bitten, hört sich das gelegentlich wie ein Befehl an.

> Es ist Montagmorgen und Theo und sein Papa wollen in den Kindergarten. Theo ist müde und sein Vater gereizt. Theo braucht morgens ganz viel Zeit, denn es gibt tausend Dinge, die er tun will, bevor er aus dem Haus geht. Als es Zeit ist wegzugehen, sagt der Vater barsch: »Zieh dich jetzt an!«

Wenn Sie so kommunizieren, verurteilen Sie Ihr Kind unbewusst. Es ist, als ob Sie von vornherein gewusst hätten, dass es sich nicht anziehen will, und dass Sie von vornherein klar stellen wollten, dass Sie keinerlei Getue mit dem Anziehen akzeptieren werden. In Wirklichkeit möchten die meisten Kinder aber nichts lieber, als uns zu gefallen. Davon auszugehen, dass das Kind genau das Gegenteil von dem will, was wir möchten, kann allerdings auch das fügsamste Kind widerspenstig machen.

Das ist eine aggressive Art der Kommunikation, die die Integrität der anderen nicht respektiert. Falls Sie so reagieren, setzen Sie auch voraus, dass Ihre Ziele – im obigen Fall, dass sich das Kind anzieht – die einzig gültigen Ziele sind. Es geht darum, anders mit dem Kind zu sprechen und zu zeigen, dass Sie seine Integrität und seine Selbstständigkeit respektieren. Wenn Sie dann auch deutlich machen, dass Sie nicht davon ausgehen, sein tiefster Wunsch liege darin, Ihnen zuwider zu handeln, dann sind Sie weit fortgeschritten auf dem Weg zur Effektivität und Empathie. Stellen Sie sich dieselbe Situation wie oben vor, mit einem Vater allerdings, der seinem Kind ganz anders begegnet:

> Wenn es Zeit ist zu gehen, sagt der Vater: »Theo, wir müssen jetzt gehen, und es ist Zeit, dass du dich anziehst. Möchtest du lieber die rote Hose oder die Jeans haben?

Theo bekommt damit die Möglichkeit sich zu beteiligen. Vielleicht mag er sich nicht anziehen, er will lieber die ganzen Dinge fertig machen, die er noch zu tun hat. Wenn aber der Vater seine Frage stellt, bekommt Theo eine Chance, mit Würde aus dem hervorzugehen, was ein Streit hätte werden können. Er fühlt sich weder gekränkt noch gehetzt. Und auch der Vater geht nicht von vornherein davon aus, dass Theo Ärger machen will. Stattdessen kann das Kind aktiv entscheiden. (»Möchtest du lieber die rote Hose oder die Jeans haben?«)

Wenn Sie möchten, dass Ihr Kind etwas tut, dass es nicht tun will, ist es fast unmöglich, der Versuchung zu widerstehen, die große Macht ins Spiel zu bringen, die Sie als Eltern haben. Doch ganz gleich, ob Sie ein Kind manipulieren, bestechen oder ihm drohen – das alles ist nur eine kurzfristige Lösung. Es ist weder eine effektive Lösung, um das durchzubekommen, was Sie möchten, noch ist es etwas, das mit den erzieherischen Absichten der meisten Eltern übereinstimmen würde.

Denken Sie einen Augenblick darüber nach, ob Sie wirklich wollen, dass Ihr Kind Ihnen deshalb gehorcht, weil es Angst hat, bestraft zu werden (»Wenn du dich jetzt nicht anziehst, darfst du heute Abend kein Sandmännchen schauen!«), oder weil es eine Belohnung bekommen möchte (»Wenn du dich jetzt anziehst, darfst du heute Abend Sandmännchen schauen!«).

Diese Art der Kommunikation verärgert und reizt das Kind. Versuchen Sie lieber eine Strategie zu finden, die Ihrer beider Bedürfnisse entgegenkommt. Darauf gründet das, was der US-Amerikaner Marshall Rosenberg als gewaltfreie Kommunikation – bezeichnet. Es bedeutet knapp ausgedrückt, dass Eltern und Kind ihre Gefühle und Bedürfnisse beachten und ausdrücken.

Wenn Sie auf diese Weise kommunizieren, setzen Sie voraus, dass Sie sich auf halbem Wege treffen können und dass die Interessen des einen nicht den Interessen des anderen im Wege stehen müssen.

Der erste Schritt – das Beachten – läuft darauf hinaus, dass man das, was geschieht, ganz einfach beachtet, ohne es irgendwie zu beurteilen. Statt zu sagen »Sie hat gerade einen Wutanfall«, sagen Sie: »Sie liegt auf dem Boden, weint und schreit.«

Beim zweiten Schritt – die Gefühle – geht es darum, seine Gefühle zu beschreiben, statt sie zu deuten. Statt zu sagen »Ich finde dich unverantwortlich«, können Sie sagen: »Ich fühle mich gereizt, weil ich Hilfe brauche.«

Der dritte Schritt besteht darin, dass Sie sagen, was Sie haben möchten, statt zu sagen, was Sie nicht haben möchten. Statt Ihrer vierzehnjährigen Tochter, die zu einer Party will, zu sagen »Komm heute nicht schon wieder zu spät« oder gar »Wenn du wieder zu spät kommst, bekommst du Ausgehverbot«, ist es klüger zu sagen: »Schau zu, dass du zur vereinbarten Uhrzeit heimkommst.« Oder aber: »Wenn du später heimkommst als zur vereinbarten Uhrzeit, mache ich mir Sorgen und kann nicht schlafen. Wenn du eine Idee hast, wie wir das so lösen können, dass wir beide zufrieden sind, höre ich dir gerne zu.«

Wenn Sie so kommunizieren, werden Sie einen Dialog führen und keinen Elternmonolog, den das Kind häufig mit einem klaren »Nein« beantwortet.

KAPITEL 8

Kümmern Sie sich um sich selbst

»Eine Generation pflanzt die Bäume;
eine andere erntet den Schatten.«

CHINESISCHES SPRICHWORT

Irgendwann während der Schwangerschaftsvorbereitung oder in der allerersten Zeit daheim mit dem neugeborenen Baby geschieht mit uns Eltern etwas. Wir merken es nicht, aber die meisten von uns beginnen dann, die Bedürfnisse unseres Kindes weit vor unsere eigenen zu stellen. Häufig stellen wir dies nicht einmal in Frage. Das Kleine braucht uns so sehr, und unsere Gefühle für dieses neugeborene kleine Wesen sind stärker, als wir uns das jemals vorstellen konnten. Und das ist auch gut so, denn wenn wir unsere Bedürfnisse vor die unseres Kindes stellen würden, würden wir die Nächte glückselig durchschlafen, obwohl neben unserem Bett ein hungriges Baby liegt.

Und Hand aufs Herz: Würden wir unseren Bedürfnissen den Vorrang geben, würden wir da vor dem Winzling sitzen und inbrünstig und voller Ernst – zum x-ten Mal am Tag – »Hoppe, hoppe Reiter« singen? Wohl kaum.

Denken Sie an sich

Nach einer gewissen Zeit brauchen auch wir Eltern Aufmerksamkeit und Fürsorge. Wir brauchen das Gefühl, dass alles nicht so ernst ist, ja, wir wollen uns ganz einfach ein wenig sorgloser fühlen. Wir brauchen es, zu lachen und noch andere Dinge genießen zu können als das, was uns das weiche kleine Baby bieten kann. Zumindest gelegentlich.

Eigentlich brauchen wir Eltern dasselbe, was wir unseren Kindern geben möchten: Aufmerksamkeit, Bewusstsein und Da-Sein. Angesichts aller Bedürfnisse des Kindes können Eltern nicht in ständiger Habachtstellung sein. Hier kann Ihnen Achtsamkeit eine strahlende Gelegenheit bieten, durchzuatmen, zu üben in Frage zu stellen, zu reflektieren und aus Ihrem Inneren heraus Entscheidungen zu treffen. Der gesamte Prozess, der Elternsein bedeutet, bewirkt, dass Sie sich selbst entwickeln – auch wenn dies nicht so einfach ist.

Um gute Eltern sein zu können, den eigenen Intentionen zu folgen und dem Kind das zu geben, was Sie sich vorgenommen haben, müssen Sie sich um sich selbst kümmern. Erinnern Sie sich daran, wie es an Bord eines Flugzeugs funktioniert, wenn der Druck in der Kabine sinkt. Da bekommen alle Eltern die strikte Anweisung, die Sauerstoffmaske zunächst an den eigenen Mund zu führen und erst dann Ihr Kind zu versorgen. Man kann sich nicht um ein Kind kümmern und ihm helfen, wenn man selbst keinen Sauerstoff bekommt!

Wenn Sie Ihrem Kind alles geben, worüber Sie in Form von Zeit, Energie und Fürsorge verfügen, werden Sie es kaum so unterstützen, wie Sie es eigentlich möchten. Kinder lernen durch Spiegelung, und wenn Sie völlig selbstaufopfernde Eltern sind, die sich nie um sich selbst kümmern, geben Sie genau das an Ihr Kind weiter.

Als die Zwillinge klein waren, fiel es mir schwer, sie mit jemand anderem zu lassen. Denn dort, wo ich aufgewachsen bin, wurde vorausgesetzt, dass die Mutter daheim ist, bis die Kinder in die Schule kommen. Schließlich war ich so erschöpft, dass ich nicht mehr schlafen konnte, und sah ein, dass ich etwas tun musste.

Als die Mädchen anderthalb waren, kam zwei Mal die Woche eine Babysitterin und blieb jeweils fünf Stunden. Da ging ich in mein Atelier, um an meinen Skulpturen zu arbeiten, und konnte so alle starken Gefühle bearbei-

ten, die mit meinen Erfahrungen als junge Mutter zu-
sammenhingen. Das hatte eine heilende Wirkung auf
mich, und ich merkte, dass ich eine bessere Mutter
wurde. HEIDI

Machen Sie langsam

Achtsamkeit kann Ihnen helfen, mehr Freude zu erleben,
denn jeder Tag hält unglaublich viele Augenblicke bereit,
in denen Sie den Alltag mit Ihrem Kind genießen können.
Um diese Augenblicke auch zu bemerken, müssen Sie das
Tempo so weit drosseln, dass Sie sie entdecken können –
und zwar heute und nicht erst nach vielen Jahren. Wenn Sie
die kleinen Augenblicke mit Ihrem Kind genießen, wird es
Ihnen beiden besser gehen.

Das erste A, die Atempause, hilft Ihnen dabei herunter-
zufahren, dem Erlebten nachzuspüren und Tag für Tag zu
sich selbst »heimzufinden«. Versuchen Sie in schwierigen
Situationen, in denen Sie sich gestresst oder unglücklich
fühlen, zunächst einmal durchzuatmen. Atmen Sie ein paar
Mal tief ein und entscheiden Sie erst anschließend, wie Sie
handeln möchten. Zuweilen mag es Ihnen schwer fallen zu
atmen, wenn Sie sich auf die Atmung konzentrieren. Und
falls Sie das Gefühl haben, Herzklopfen zu bekommen
oder zu hyperventilieren, dann achten Sie auf das Gefühl in
Ihren Füßen: Schaukeln Sie im Stehen ein wenig hin und
her, und fühlen Sie: »Hier bin ich«.

Atmen hilft, wenn Sie besonders viel Stress haben, und
es kann den vielfach gestressten Eltern von Kleinkindern
eine große Hilfe bedeuten. Was ebenfalls den täglichen
Stress mindern kann: Denken Sie daran, dass Kinder selten

alle Wochenaktivitäten benötigen, in die wir Eltern sie gerne hineinpressen möchten. Kinder brauchen Sie als Eltern. Kinder brauchen Zeit, um zu reden und mit ihrer Familie zusammen zu sein.

Man kann auch schon richtig weit kommen, wenn man einfach mal das Telefon abstellt, gemeinsam ein leckeres Abendessen vorbereitet – wobei es das Beisammensein und die Gesprächsthemen sind, die Bedeutung haben – und einfach in aller Ruhe dasitzt und miteinander redet. Lassen Sie den Siebenjährigen berichten, wie schwer es ist, den Buchstaben V zu schreiben, lassen sie die Zweijährige ihre Variante von »Bienchen summ herum« singen oder lassen Sie Ihren Teenager von dem neuen Mädchen in seiner Klasse erzählen.

Als eine Art Gegengewicht zum hohen Tempo in unserer Gesellschaft, in der der Konsum fast zu einem Menschenrecht geworden ist, entstand die Bewegung »Downshifting«, was man in etwa mit »freiwilliger Einfachheit« übersetzen könnte. Dabei geht es kurz gesagt darum, dass man das Leben auch einfacher leben und das Tempo herunterfahren kann. Der Preis, den wir dafür zahlen, ist ein niedrigeres Einkommen und damit verbunden Einschränkungen beim Konsum, bei Reisen und beim Wohnen. Der Gewinn besteht jedoch in der gewonnenen Zeit, um Gemeinschaft zu pflegen, nachzudenken und einfach da zu sein.

Denken Sie, wenn Ihnen alles zu schnell geht, an die fünf Punkte, die Larry Rosenberg nennt. Er unterrichtet Buddhismus und ist Begründer des Cambridge Insight Meditation Center. Davor war er Professor der Psychologie an der University of Chicago und an der Harvard Medical School:

1. Widmen Sie sich, wann immer es geht, nur einer einzigen Sache.
2. Richten Sie Ihre ganze Aufmerksamkeit auf das, was Sie gerade tun.
3. Wenn Ihre Gedanken von dem abkommen, was Sie gerade tun, rufen Sie sie zurück.
4. Wiederholen Sie Punkt drei viele Milliarden Male.
5. Erkunden Sie, was Sie ablenkt.

Der ständige Stress

Die Begriffe »Eltern« und »Stress« sind heutzutage fast bedeutungsgleich. Gleichzeitig müsste die heutige Elterngeneration überhaupt keinen Stress haben. Wir können uns täglich satt essen und wir verfügen über allerhand Kommunikationsmöglichkeiten. Dies sollte unser Leben eigentlich erleichtern. Dennoch stressen wir uns halb zu Tode.

Inwieweit dies schade ist oder nicht und worauf es zurückzuführen ist, werden wir in diesem Buch nicht erläutern können – das Thema füllt alleine schon ein ganzes Buch –, aber wir möchten gerne allen Eltern erste Hilfe anbieten.

Zunächst einmal ist es normal, sich ab und zu gestresst zu fühlen. Wo sind die Eltern, die nicht gelegentlich Stress verspüren angesichts der großen Verantwortung, die sie haben, wenn sie sich um ein kleines Individuum mit eigenen Ansichten, eigenem Rhythmus und eigenen Gedanken über das Leben kümmern müssen? Als Alternative dazu, um also alle unangenehmen Konflikte zu vermeiden, treffen wir in missverstandener guter Absicht entweder selbst alle Entscheidungen oder wir überlassen die Entscheidungen dem Kind. Keiner dieser Wege ist jedoch gut für das Kind.

Mit Hilfe von Achtsamkeit fällt es uns leichter, die wechselnden Entscheidungsmöglichkeiten in verschiedenen Situationen zu finden. Achtsamkeit lässt uns auch eher die Ruhe bewahren, weil wir ja tief in uns selbst wissen, dass uns meistens mehrere Entscheidungsmöglichkeiten zur Verfügung stehen. Und wir wissen auch, dass wir immer wieder eine neue Chance und neue Möglichkeiten bekommen.

Wenn Sie das nächste Mal zu Hause eine Stresssituation erleben, halten Sie kurz inne und richten Sie Ihre Aufmerksamkeit auf das, was Sie gerade umgibt. Atmen Sie ein paar Mal tief durch und konzentrieren Sie sich darauf, dem Augenblick Ihre volle Beachtung zu schenken. Fragen Sie sich anschließend in aller Ruhe, was in eben diesem Moment wirklich wichtig ist.

Sie können nicht immer so handeln – vielleicht läuft Ihr Kind gerade auf die Straße, und Sie müssen schnell reagieren –, aber es ist öfter möglich, als Sie denken. Gönnen Sie sich eine Atempause, beachten Sie den Augenblick und fragen Sie sich, was in eben diesem Moment von Bedeutung ist. Das wird Ihnen helfen zu agieren, statt lediglich zu reagieren, und wird Sie gleichzeitig die Kontrolle behalten lassen.

Wenn Sie den Augenblick beachten, werden Sie merken, dass die Situationen – selbst die alltäglichen kleinen Streitereien – kommen und gehen, und Sie werden den Alltag aus einer neuen Perspektive sehen. Sie lernen zu schätzen, was sie haben. Achtsamkeit trägt dazu bei, Sorgen und

Stress als das zu betrachten, was sie sind, und sie in die richtigen Proportionen zu weisen. Wenn Sie besonders viel Stress haben, können Sie folgenden Trick anwenden:

- Hören Sie Ihrem Kind konzentriert zu, wenn es etwas erzählt. Jedes Mal, wenn Sie merken, dass Ihre Gedanken abschweifen, fangen Sie sie wieder ein und kehren Sie zurück zum Zuhören.
- Nehmen Sie sich zwei, drei Mal am Tag eine Pause von zehn Minuten und schreiben Sie Listen mit Dingen, die Sie einkaufen, Aufgaben, die Sie erledigen, Personen, die Sie anrufen müssen, sowie mit anderen Dingen, an die Sie denken wollen. All dies soll ja in der Zukunft geschehen, und weil Sie es jetzt notiert haben, wird Ihre Zeit mit den Kindern nicht davon beeinträchtigt.
- Beachten Sie, was Sie vor Augen haben: die Augen Ihres Kindes, seine Finger, sein Lächeln. Versinken Sie darin und versuchen Sie jedes einzelne Detail in sich aufzunehmen.
- Schauen Sie Ihrem Kind beim Spielen zu und beschreiben Sie präzise für Ihr Inneres, was es in eben diesem Augenblick tut.
- Machen Sie es sich zur Gewohnheit, jeden Abend Ihr schlafendes Kind für eine Weile zu betrachten.
- Notieren Sie alle kleinen Veränderungen bei Ihrem Kind. Wie sich die Stimme mit der Zeit verändert, von der weichen engelgleichen Kleinkinderstimme zur kratzigen Stimme des Teenagers, wie die kleinen Knubbelfinger länger und schmaler werden.
- Machen Sie sich klar: Das größte Geschenk, dass Sie Ihrem Kind und sich selbst machen können, ist ihre Zeit und Ihre Aufmerksamkeit.

Kurze Stressperioden sind gut

Wer einmal richtigen Stress hatte, weiß, wie sich dieser im Körper anfühlt, sowohl während man gestresst ist als auch danach. Rein physisch betrachtet, reagiert unser Körper unterschiedlich auf Stress. Zunächst durchlaufen Sie eine Alarmphase, in der Sie die Gefahr ins Auge fassen. Diese konnte für einen Steinzeitmenschen darin bestehen, dass den Kindern ein Bisonochse zu nahe gekommen war. Für Sie als Menschen der westlichen Welt im 21. Jahrhundert ist es wahrscheinlicher, dass Sie gerade merken, dass Sie zu spät zum Kindergarten kommen. Mal wieder!

Die nächste Phase ist die so genannte Widerstandsphase, in der Sie Ihre Ressourcen mobilisieren: Hoch mit dem Speer und den Bisonochsen aufspießen! Oder in der heutigen Variante: Schnell Jacke und Stiefeln anziehen und zum Kindergarten sprinten. Die Erschöpfung in der dritten Phase tritt ein, wenn die Belastung längere Zeit anhält. Hier verbrauchen wir unsere Ressourcen und die Stresskrankheiten setzen ein.

Wenn die Wissenschaftler von Kurzzeitstress sprechen, meinen sie einen ein bis zwei Stunden langen, nicht etwa tagelangen Stress. Wenn sie von Langzeitstress reden, handelt es sich um vier bis fünf Stunden und nicht um vier bis fünf Monate.

Ein Mensch – ganz gleich ob es sich um ein Kind oder einen Erwachsenen handelt – wird mit Stressperioden gut fertig, wenn er ihnen Ruhephasen folgen lässt. Womit wir nicht klar kommen, ist ein dauerhafter Stress. Nach einer stressigen Zeit benötigen wir also sowohl Entladung als auch Entspannung. Allerdings leben viele von uns ein Leben, in dem ein Stresshöhepunkt dem anderen folgt und man sich keine Zeit nimmt, sich danach zu entladen. Immer mehr Eltern von Kleinkindern leiden heute an Depressionen. Es ist ziemlich naheliegend, dass dies die Folge von konstantem Stress ist.

Der große Unterschied zwischen Menschen und Tieren besteht darin, dass die Menschen mit ihrer Intelligenz den psychologischen Stress erfunden haben. Wir besitzen ein phänomenales Vermögen, Unruhe, Schmerz und Stress zu empfinden angesichts dessen, was war oder was vielleicht sein wird. Ja, wir können sogar Unruhe, Schmerz und Stress fühlen, wenn jemand anderer als wir leidet. Und unser Körper reagiert darauf, was unser Gehirn als Gefahr wahrnimmt – ganz gleich, ob es sich um einen angriffslustigen Bisonochsen, einen schwierigen Abschied im Kindergarten oder um eine frustrierende Situation im Beruf handelt –, als ginge es um Leben oder Tod.

In eben diesen Situationen sollten Sie sich erinnern, was es mit der Achtsamkeit auf sich hat: »Ja, genau das. Atmen. Worauf reagiere ich da eigentlich? Wie wichtig ist es überhaupt?« Vielleicht lernen Sie allmählich, diesen Situationen anders zu begegnen und können es vermeiden, sämtliche Stressreaktionen inklusive aller Stressgedanken zu aktivieren.

Was können Sie genießen?

Für sich selbst zu sorgen, bedeutet für verschiedene Menschen Unterschiedliches. Für manche reicht es, alleine einen Spaziergang zu machen. Für andere mag es bedeuten, einem Hobby nachzugehen, auszuschlafen oder abends ins Wellness zu gehen. Es kann auch einfach sein, dass jemand gern ein warmes Bad nimmt und ein Buch liest oder einen Babysitter bestellt und essen geht.

Im Winter war ich mit der ganzen Familie im Fjäll. Während die Mädchen jeden Vormittag zwei Stunden lang in die Skischule gingen, nahmen mein Mann und ich die Gelegenheit wahr, Ski zu fahren. Ich hatte völlig vergessen, wie viel Spaß es macht hinauszufahren, wenn man kein Kind vor sich an der Leine hat! Dasselbe empfand ich auch, als ein Freund und Pferdebesitzer mich mit zum Reiten nahm, nachdem ich mehrere Jahre nicht geritten war.
Inzwischen versuche ich so oft wie möglich mir Zeit zu nehmen, um hinauszugehen und um im Wald zu reiten – denn das macht mich zu einem fröhlicheren Menschen.

ANNA-MARIA

Wir haben unterschiedliche Bedürfnisse und einen unterschiedlichen Zugang zu dem, was uns gut tut. Wenn Sie merken, dass es Ihnen schwer fällt, sich um sich selbst zu kümmern – vielleicht haben Sie das auf dem Weg vom Milchfläschchen zu den Windeln, den Kitagängen und Ihrer Arbeit vergessen –, dann ist es vielleicht gut, in einer Therapie Hilfe zu holen. Ein Therapeut kann Ihnen dabei helfen, ein Gleichgewicht in Ihrem Leben zu finden und die Vergangenheit, die stets dazu neigt in den schweren Zeiten des Lebens aufzutauchen, zu verarbeiten.

Eine Frau erzählte, wie sie in der Zeit, in der ihre Kinder noch klein waren, aufgrund eines Burn-Out-Syndroms krankgeschrieben war. Ihre Therapeutin gab ihr die Aufgabe, sich einfach aufs Sofa zu legen und zu entspannen. Die kluge Therapeutin erkannte jedoch auch, dass dies erst greifen würde, wenn sie ihr deutlich machen würde, dass sie als Mutter schließlich ein Vorbild für ihre Kinder war – und wenn sie nicht ab und zu entspannen würde, welche Signale würde sie dann an ihre Kinder senden? Heute macht sie ihre Übung oft und kann schon viel besser entspannen als früher.

Für sich selbst zu sorgen bedeutet auch, für seine Beziehung zu sorgen. Die meisten von uns können leider bestätigen, dass die Kinder häufig an erster Stelle kommen, die Arbeit an zweiter, das soziale Leben an dritter; und erst an vierter Stelle kommt die eigene Beziehung.

Wenn die Kinder klein sind und wenn sie in die Schule gehen, bleibt uns häufig weder Zeit noch Kraft, um von etwas anderem als von der »Aktiengesellschaft Familie« zu sprechen und wie man sie am besten verwaltet. Wenn wir in dieser Haltung miteinander reden, merken wir nicht, wie wir dies tun, ob wir aktiv zuhören, ob wir präsent sind, ob wir für uns selbst, unsere Bedürfnisse und Wünsche Verantwortung übernehmen und ob wir Ich- statt Du-Botschaften senden.

Ich wurde früh Mutter, während meine Freunde erst jetzt beginnen, Kinder zu kriegen. Also besteht der größte Teil meines Bekanntenkreises aus frisch gebackenen Eltern. Als uns im Sommer unsere Freunde auf dem Land besuchten, bemerkte ich, wie trist sie sich anhörten, wenn sie miteinander redeten. Paare, die sich früher liebevoll und ruhig anhörten, kommunizierten jetzt mit dem typischen schnodderigen Elternton: »Hast du keine zusätzlichen Windeln eingepackt? Ich hatte dich doch darum gebeten!« »Jetzt bist aber du dran, ihn zu nehmen ...«

Mein Mann, der von der Mutter seiner Kinder geschieden ist, und ich, die von dem Vater meiner Kinder geschieden bin, schauten uns an. Musste das so sein, wenn man Kinder hat?

EINE WIEDER VERHEIRATETE MUTTER

Um Hilfe bitten können

Selbst wenn wir unsere Kinder über alles auf der Welt lieben, ist es sinnvoll und entspannend, ab und zu einen Babysitter zu bestellen. Vielleicht reicht ein ruhiges Abendessen zu zweit, abends einmal auszugehen oder eine Nacht ausschlafen zu können, ohne fürchten zu müssen, dass man um drei Uhr nachts von Kindergeschrei geweckt wird. Sie haben das bereits gehört, aber es ist gut, wenn man das wiederholt: Es ist eine gute Investition in die Beziehung, gelegentlich etwas zu zweit zu unternehmen. Vielleicht entdecken Sie Eigenschaften an Ihrem Partner wieder, die Sie vergessen hatten: »Ja, genau das. Wie lustig er sein kann!«

Auch Freunde sind gut für unser Wohlbefinden. Der Wissenschaftler Shelley Taylor von der University of California konnte nachweisen, dass Frauen einen Extraausstoß des Hormons Oxytocin haben, der für das Wohlbefinden sorgt, wenn sie mit anderen Frauen zusammen sind, mit denen sie sich sicher und entspannt fühlen. Wir Menschen waren ursprünglich Herdentiere und es geht uns erwiesenermaßen gut, wenn wir anderen Menschen nahe sind – selbst wenn wir ab und zu auch allein sein müssen.

Um Hilfe zu bitten ist wichtig – und schwer! In unserer Gesellschaft meinen wir, alles allein schaffen zu können.

Das Sprichwort »Es braucht ein ganzes Dorf, um ein Kind großzuziehen« galt früher auch bei uns und ist in vielen anderen Kulturen heute noch gültig. Es liegt viel Weisheit in diesem Gedanken. Denn während wir arbeiten, um wirtschaftlich über die Runden zu kommen, möchten wir so viel wie möglich mit unseren Kindern zusammen sein.

Es ist schon schwer genug, mit allen Kita-Gängen und Freizeitaktivitäten unserer Kinder zurechtzukommen, wenn man zu zweit ist. Für Alleinerziehende mag sich das zuweilen völlig unmöglich anfühlen. Wenn man es da schafft, um Hilfe zu bitten, hat man vielleicht das Glück, dass sich eine langjährige Zusammenarbeit daraus entwickelt. Das nächste Mal braucht der oder die andere Hilfe. Und die Kinder bekommen als Extrabonus mehrere Erwachsene, die sich reihum um sie kümmern.

Früher hatten die Verwandten die Funktion eines Netzwerks, das die Familie umgab. Man lebte auf demselben Hof, wo man geboren war, und alle im Dorf kannten einander. Da gab es immer eine Großmutter oder einen Großvater, der ein Auge auf die Kinder haben konnte. Heutzutage ist es nicht mehr so selbstverständlich, dass wir in der Nähe unserer Verwandten leben. Die Großeltern wohnen vielleicht einige Stunden entfernt, und man sieht sich nur in den Sommerferien. Da ist es vielleicht schön, ein neues Netzwerk um uns und um die Familie aufzubauen, denn alleine sind wir bekanntlich nicht stark. Zumindest nicht, wenn es um die Sorge für unsere Familie geht.

Akzeptieren heißt nicht aufgeben

Wahrscheinlich haben Sie eigene Erfahrungen und Geschichten dazu, wie es ist, sich als schlechte Mutter oder schlechter Vater zu fühlen. Da kann Achtsamkeit eine Hilfe bieten, um sich bewusst zu werden, in jedem Augenblick die Möglichkeit zu haben, aus dieser Geschichte herauszutreten und neu zu beginnen – Achtsamkeit gibt Ihnen stets die Chance für einen Neuanfang.

Die Idee von dem Anfängergeist, von dem weiter oben im Buch die Rede war, ist auch um Ihretwillen von Bedeutung. Es hilft Ihnen dabei, sich selbst zu verzeihen, wenn Sie es bereuen, wie Sie sich Ihrem Kind gegenüber verhalten haben. Es gibt Ihnen die Kraft, um Verzeihung zu bitten und zu erkennen, dass Sie die Sache aus Ihrer eigenen Perspektive betrachtet haben. Indem Sie sich als Erwachsener entschuldigen, wird auch Ihr Kind verstehen, dass Sie selbst nur ein fehlbarer Mensch sind – und dass das so in Ordnung ist. Auch in diesem Fall wirkt die Spiegelung als eine Möglichkeit für Ihr Kind, etwas Neues und Wichtiges zu lernen.

Weiter oben haben wir von den drei As geredet – atmen, akzeptieren, agieren. Allerdings haben wir manchmal keine Möglichkeit zu agieren, wenn wir beispielsweise in Situationen geraten sind, die wir nicht beeinflussen können wie etwa eine Krankheit. Dennoch können uns die drei As auch hier von großer Hilfe sein. (Irgendwie entscheiden Sie sich dafür, der Situation entsprechend aus dem Blickwinkel der Achtsamkeit zu agieren.)

Beginnen Sie mit dem Atmen. Danach kommt der schwerste Schritt: das Akzeptieren. Oftmals bietet Akzeptanz die Möglichkeit, geschickt und durchdacht zu handeln, statt handlungsunfähig zu sein und gegen die Wirklichkeit zu arbeiten. Um etwas ändern zu können, müssen wir damit beginnen, die Wirklichkeit so zu akzeptieren, wie sie ist.

Wir können die Wirklichkeit nicht immer ändern, und das fällt einem nicht so leicht: Sie kennen das Gefühl, wenn Sie die Situation weder akzeptieren können noch wollen. Mein Kind ist krank – das kann ich unmöglich akzeptieren! Die Alltagsphilosophin Katie Byron – sie reist um die Welt und hält Vorträge zu ihrer Philosophie »The Work« – sagt dazu: »Wenn ich mit einer Realität streite, bin immer ich der Verlierer.« Unter Realität versteht sie hier Dinge, die wir unmöglich beeinflussen können, wie wenn beispielsweise Ihr Kind erkrankt oder Ihr Partner Sie verlassen hat.

Akzeptanz kann Ihnen jedoch helfen zu sehen, welche Entscheidungsmöglichkeiten Sie haben. Sie kann Ihre Perspektive ändern. »Meine Tochter ist krank – wir können ihr helfen, dass sie keine Schmerzen und keine Angst hat.« »Mein Partner will mich verlassen – welcher Mensch aus meiner Umgebung kann mich und mein Kind unterstützen?«

In solchen Situationen neigen wir dazu, eigentlich unlösbare Probleme zu lösen, oder uns zu weigern, die gerade vorhandene Wirklichkeit zu akzeptieren. Dann schlagen wir uns den Kopf blutig und bleiben schließlich völlig erschöpft zurück. Und als einziges Ergebnis fühlen wir uns noch hoffnungsloser und noch niedergeschlagener – wir kämpfen ganz einfach gegen Windmühlen.

Ein gewisses Gefühl der Würde und Kontrolle lässt sich jedoch behalten, indem wir uns bewusst entscheiden, die Kontrolle abzugeben und die Situation so zu akzeptieren.

Vielleicht ist es uns sogar möglich, gegenüber der Situation und unseren Reaktionen darauf eine freundliche Einstellung zu finden. Die Entscheidung, tatsächlich nicht zu agieren, bewirkt, dass unser Gefühl der Hilflosigkeit abnimmt.

Als ich mit Jesper Juul zusammenarbeitete, suchten eine junge dreißigjährige Mutter und ihr gleichaltriger Lebensgefährte bei uns Hilfe. Die Frau unterrichtete an der Universität, ihr Mann war selbstständiger Unternehmer. Sie hatte uns kontaktiert, weil sie zu Hause keinerlei Hilfe bekam, obwohl sie sich selbst eine anspruchsvolle Arbeit hatte. Beide, Frau und Mann, kamen zum verabredeten Termin. Jesper Juul stellte bald fest, dass die Frau zwei Möglichkeiten hatte: ihren Mann zu verlassen oder die Situation zu akzeptieren, denn der Mann würde sich niemals ändern. Wollte sie das nicht einsehen, würde sie schließlich vor lauter Hilflosigkeit und Unglücklichsein untergehen.

Es war schwer und schmerzlich, diese zwei Alternativen zu hören, aber es lag viel Wahrheit darin. Der Mann hatte keinerlei Interesse, sich zu ändern. War das unmoralisch? Auf jeden Fall! »Alle« wissen, dass man sich in einer Beziehung gegenseitig unterstützt und dass beide Partner für das Kind Verantwortung tragen. Aber diese Frau lebte nun mal in dieser anderen Wirklichkeit. Etwas anderes zu glauben, hätte bedeutet, in einer Märchenwelt zu leben. ANNA-MARIA

Dankbarkeit

In Dankbarkeit, Freude und in der Fähigkeit zu genießen, können wir uns üben. Denken Sie einen Augenblick über Ihr Leben nach. Da gibt es sicherlich viele langweilige, unangenehme Dinge, die Sie ändern möchten, aber es gibt mit Sicherheit auch vieles, für das Sie dankbar sein können. Es deutet einiges darauf hin, dass es dankbaren Menschen besser geht: Sie schlafen besser und erleben Freude im Leben stärker.

> Neulich sagte ich meinem Mann, wie dankbar ich für mein Leben bin. Fünfzehn Jahre zuvor hätte ich nicht gedacht, jemals einen Mann zu finden, mit dem ich leben wollte; geschweige denn Kinder zu bekommen, die ich lieben konnte. Auch dachte ich nicht, je eine gute Arbeit zu finden. Heute habe ich all diese Dinge.
> Mein Mann schaute mich an und meinte, diese Sache mit der Dankbarkeit würde doch auch bedeuten, dass man damit aufhören würde, nach irgendetwas zu streben – dass man einfach das Dasein akzeptieren würde und keine Ziele mehr hätte. Aber da stimme ich ihm nicht zu. Selbstverständlich habe ich immer noch viele Ziele, die ich erreichen möchte. Aber ich bin so glücklich über das, was ich habe! EINE FRISCH GEBACKENE MUTTER

Machen Sie ein kleines Experiment: Setzen Sie sich für eine Weile in aller Ruhe hin und schreiben Sie eine Liste der Dinge, die Sie umgeben und für die Sie Dankbarkeit empfinden. Denken Sie manchmal über diese Punkte nach, wenn Sie das Leben beschwerlich finden. Vermutlich werden Sie merken, dass sich Ihre Laune dadurch verbessert.

Wenn ich schwere Zeiten durchlebe, schreibe ich eine Dankbarkeitsliste. Manchmal ist sie kurz, manchmal lang. In einem Jahr hat man meinen Geburtstag vergessen. Ausgerechnet zu dieser Zeit ging es mir nicht gut, und ich war über dieses Vergessen sehr enttäuscht und traurig. Gleichzeitig erkannte ich, dass ich selbst etwas für diesen Tag und die Erinnerung daran tun musste.

Als der halbe Tag herum war, schrieb ich eine Dankbarkeitsliste darüber, wie mein Geburtstag bis dahin verlaufen war. Ich notierte die allerkleinsten Details: meine weiche Haut, mein Bett mit den frisch gewaschenen Laken, die Umarmungen meiner Kinder, meine Katzen, mein Körper auf dem Fahrrad unterwegs zur Arbeit. Die Sonne schien, die Bäume schlugen aus, und in den Gärten blühte es. Ich badete in meinem Lieblingssee, ich hatte einen verantwortungsvollen Beruf und viele Freunde, die doch noch an mich dachten und mir SMS-Glückwünsche schickten ... Das war mir eine große Hilfe, und es wurde trotz allem noch ein richtig schöner Tag. HEIDI

Seien Sie freundlich zu sich selbst

Wir Erwachsene sind schnell dabei, uns selbst zu verurteilen und uns für etwas, das wir getan oder nicht getan haben, in die Wüste zu schicken. Stellen Sie sich folgendes Szenario vor:

Irgendwo in Ihrem Gehirn registrieren Sie, dass es morgens immer kühler wird; und an einem Morgen im Herbst ist es richtig kalt. Sie sind gerade dabei, im Flur die Schulbücher einzupacken, nach den richtigen Schuhen zu suchen und nach Gürteln zu stöbern.

Da sehen Sie, wie die Nachbarskinder in aller Ruhe mit Mützen und Handschuhen aus dem Haus gehen. Sie selbst haben überhaupt keine Ahnung, wo sich Handschuhe und Mützen befinden.

Wo haben Sie sie im Frühjahr verstaut? In den Oberschrank? In den Abstellraum? Sie suchen ein wenig planlos herum, sehen aber bald ein, dass Sie sie nicht finden werden. Stattdessen müssen Ihre Kinder ohne Mütze und Handschuhe in die Schule gehen, und Sie ärgern sich über sich selbst und haben ein schlechtes Gewissen, weil Ihre Kinder frieren werden.

Den ganzen Vormittag fühlen Sie sich gereizt und haben ein ungutes Gefühl im Bauch. »Typisch wir!«, denken Sie. »Immer Chaos. Wir wissen, dass der Herbst kommt, sind aber zu dämlich, um zu kapieren, dass es kalt wird. Wir werden es nie lernen, ein wenig vorauszuschauen!«

In welchem Ton reden Sie da mit sich und Ihren Kinder? Wir sagen, dass wir Menschen klug und intelligent sind. Und das sind wir auch. Wie intelligent ist es aber, gegenüber uns selbst so böse zu sein, wie wir das häufig sind? Sicherlich hören Sie es nicht zum ersten Mal: Wenn Sie sich einem Freund ebenso verhielten wie sich selbst gegenüber, dann würde dieser Mensch nicht mehr allzu lange Ihr Freund sein wollen.

Nur selten geben wir uns die Zeit – um einen Gemeinplatz zu verwenden –, in aller Ruhe einfach nur »zu sein«. Stattdessen hacken wir auf uns herum, kritisieren und setzen uns selbst herab.

Stellen Sie sich vor, Sie haben vor kurzem einen Hunde-
welpen gekauft, den Sie erziehen möchten. Dazu haben Sie
zwei Möglichkeiten. Entweder Sie schreien den Hund an
und bestrafen ihn oder Sie begegnen ihm mit Liebe und
Lob. Mit Sicherheit würde er mit Hilfe von Strafen und
einem scharfen Tonfall rasch gehorchen lernen, aber es
würde auch nicht lange dauern, bis sich Ihr bis dahin gut
gelaunter und freimütiger Hund in ein trauriges Tier mit
hängendem Kopf und eingezogenem Schwanz verwandelt
hätte.

Vor einigen Generationen war das die übliche Erzie-
hungsmethode von Kindern. Zum Glück tun wir das heute
nicht mehr, allerdings behandeln wir uns selbst so – und
denken häufig nicht einmal darüber nach. An kritischem
Denken ist nichts Falsches dran, ebenso wenig wie an Ihren Gedanken. Sobald Sie jedoch beginnen, sich mit Ihren
Gedanken und Ihrem kritischen Denken zu identifizieren,
wird das zu einem Problem.

Das kritische Denken entsteht bereits im Kindesalter
als eine Art Verteidigungsmechanismus, als Schutz gegenüber Kritik aus der Umgebung oder von stets wütenden
Eltern, die ihr Kind mit Schuld belegt haben. Da möchte
das Kind dem lieber zuvorkommen …

Machen Sie folgendes Experiment, damit Sie bemerken,
wie Sie mit sich selbst reden:

Setzen Sie sich einfach für zehn Minuten hin und beachten Sie, was in Ihrem Gehirn passiert. Versuchen Sie, sobald ein kritischer Gedanke auftaucht, ihm mit Freund-
lichkeit zu begegnen. Machen Sie sich klar, dass es nur
ein Gedanke ist, der nichts darüber aussagt, wie Sie
wirklich sind. Denn, wie wir alle wissen, kommen die

Gedanken genau dann, wenn wir uns vorgenommen haben, an nichts zu denken.

Wenn Sie Ihren Gedanken anders begegnen als früher, werden Sie mit der Zeit seltener auftreten. Da haben Sie Ihr Gehirn auf eine andere Spur gebracht.

Achtsamkeit als Lebensschnur

Vielleicht hilft Ihnen die Achtsamkeit dabei, nicht jedes Mal zusammenzubrechen, wenn Situationen in Ihrem Leben auftreten, die anders sind, als Sie es sich wünschen. Vielleicht hilft sie Ihnen, Ihre Gedanken in Frage zu stellen, Ihre Reaktionsmuster zu erkennen und unabhängig von Ihnen zu handeln – oder ganz aufs Handeln zu verzichten.

Eine alte Sufi-Geschichte – der Sufismus ist ein mystischer Zweig des Islam – berichtet von einem König, der jedes Mal, wenn etwas schiefging, in tiefe Verzweiflung geriet. Schlimm war jedoch, dass er auch jedes Mal, wenn etwas gutging, sehr unruhig wurde, denn was wäre, wenn sich die Lage plötzlich änderte und alles wieder schief ginge!

Der König bat einen weisen Mann um Rat wegen seines Problems und bot ihm als Belohnung eine große Geldsumme an. Der weise Mann sagte: »Das lässt sich nicht in Geld berechnen. Wenn du mir aber versprichst, meinen Rat zu befolgen, werde ich dir dennoch helfen.«

Der König versprach, den Rat des weisen Mannes zu befolgen, und einige Tage später kam ein Mann mit einem Kästchen zu ihm. In dem Kästchen lag ein Ring. Der

König nahm den Ring heraus, hielt ihn ans Licht und las die Gravur darauf: »Auch dies wird vergehen.« Beim Ring lag eine Anweisung, die dem König erklärte, dass er, bevor er über eine Situation urteilte – ganz gleich was auch geschah –, zuerst die Worte auf dem Ring lesen sollte.

Wenn Sie erkannt haben, dass alle Dinge in ständiger Veränderung inbegriffen sind, können Sie sie anders betrachten. »Es wird nicht immer so sein. Wenn ich einen Moment warte, wird es schon anders werden.« So zu denken kann Ihnen helfen, wenn Sie Furcht, Sorge oder Angst empfinden. Allerdings kann dieses Denken eine richtige Freudenbremse bedeuten, wenn alles gut läuft und Sie beispielsweise an einem warmen Tag im Frühling mit Ihrem Kind zusammen das erste Eis essen. Andererseits ist dies ein Gedanke, der Sie daran erinnert, JETZT zu genießen!

Alleinerziehende Eltern

Das Ende dieses Kapitels möchten wir allen Eltern widmen, die mit einem oder mehreren Kindern alleine leben. Keinen anderen Erwachsenen mehr zu haben, mit dem Sie den Alltag teilen können, bringt ganz neue Schwierigkeiten mit sich. Zunächst einmal ist es für viele Eltern eine Herausforderung, zu ihrem Kind nicht den gleichen Zugang zu haben wie vor der Trennung.

Andererseits kann die neue Lebenslage ebenso gut eine neue Beziehung zum Kind ermöglichen. Die Trennung kann eine perfekte Chance bieten, sich im Jetzt zu vertiefen, da zu sein und sein Kind zu schätzen. (Erinnern Sie sich an die Dankbarkeitsliste im letzten Kapitel ... »Klar, es hätte nicht so sein müssen, aber nun ist es so!«) Gleichzeitig sind Konflikte zwischen Eltern, die sich getrennt haben, üblich; und das kann auch zu Konflikten zwischen Ihnen und Ihrem Kind führen.

> Eine Frau berichtet, dass Sie nach der Trennung vom ihrem Partner sehr traurig war. Für sie bedeutete Familie: Mutter, Vater, Kinder. Da sie also in ihren Augen nur eine halbe Familie waren, tat die Frau alles, damit ihre Kinder einen Ausgleich hätten. Wenn sie zu ihrem Vater sollten, übertrug sie ihre eigene Trauer auf die Kinder. Für diese war jedoch die Trennung ihrer Eltern in Ordnung. Die Frau bemerkte, dass sie unbewusst versuchte, sie dazu zu bringen, mit ihr sein zu wollen, ihr immer wieder zu zeigen, wie sehr sie sie lieb hatten und wie sehr sie sie bedauerten.
>
> Ihre gesamte Identität gründete auf ihre eigene Mutter und als sie sich dessen schließlich bewusst wurde, gab sie sich Mühe, ihre Kinder weniger zu manipulieren. Ihre Beziehung zu den Kindern änderte sich und heute kann sie ehrlich behaupten, dass die Familie es ohne Vater besser hat. Sie vertraut stärker auf sich selbst und auf ihre Art, Mutter zu sein. Sie und ihre Kinder sind sich näher gekommen, und nun fällt es ihr leichter, sie als eigene Individuen und nicht als eine Fortsetzung ihrer selbst zu betrachten.

Mit seinem Kind nur jede zweite Woche zusammen sein zu können, stellt in jederlei Hinsicht eine Abwechslung dar. Da kann es passieren, dass man in der Woche, die man endlich mit seinem Kind verbringt, den Versuch unternimmt die fehlende gemeinsame Zeit zu überkompensieren. Dann versucht man, es so schön wie möglich zu haben, und da kann es leicht geschehen, dass man »zu freundlich« ist, indem man es vermeidet, seinen Standpunkt klar zu vertreten. Ebenso leicht kann es passieren, dass man an die Woche mit Kind viel zu hohe Erwartungen stellt, was beim Kind auf Dauer Schuldgefühle verursachen kann.

Auch ganz allein erziehende Eltern, die von Anfang an allein waren, stehen vor großen Herausforderungen. Sie haben selten oder nie Zeit für sich selbst. Auch in diesem Fall kann Ihnen Achtsamkeit von großer Hilfe sein, wenn Sie erkennen und akzeptieren, dass Sie Ihr Bestes tun und dass dieses Beste jeden Tag aus anderen Dingen besteht.

Ganz und gar im Jetzt zu leben, hilft Ihnen, mit der Trauer zurechtzukommen, die eine Trennung begleitet. Wenn Sie Ihre Trauer akzeptieren, können Sie vielleicht schneller aus ihr herausfinden. Genauso verhält es sich mit der Wut: Entweder lassen Sie sich völlig auf sie ein oder Sie entscheiden sich dafür, die Wut herunterzuschlucken. Leider kann man die Wut nicht gut herunterschlucken, denn sie tritt immer wieder zum Vorschein, häufig in unpassenden Augenblicken.

Indem Sie sich allen Ihren Gefühlen – also auch Ihren starken Empfindungen – stellen und sie als das betrachten, was sie sind, bekommen Sie die Chance zu erkennen, dass die Gefühle sich ändern. Sie sind genauso wie die Wolken am Himmel: An manchen Tagen sind sie pechschwarz und verdecken die Sonne, an anderen Tagen sind sie weich und weiß. Mit Hilfe der Achtsamkeit können Sie und Ihr Kind das Leben so akzeptieren, wie es eben im Augenblick ist; und Sie können es gleichzeitig verändern. Hinter der

Kurve tauchen unendlich viele Möglichkeiten auf. Sie sind kein Opfer, sondern Sie verfügen über enorme Chancen und große Kapazitäten, die Richtung im Leben einzuschlagen, die Sie möchten.

KAPITEL 9

Einige Worte
zum Schluss

»Obwohl das Leben voller Leid ist,
ist es auch voller Überwindung des Leids.«

HELEN KELLER

An dieser Stelle angelangt, haben Sie alle Kapitel gelesen, die sich unter anderem mit der Bedeutung des Da-Seins im Jetzt beschäftigen. Vielleicht haben Sie bisher eine straffe Regie geführt und waren der Meinung, Elternsein bedeute nichts anderes als Vorsicht. Hoffentlich hat Sie dieses Buch auf andere Gedanken gebracht. Hoffentlich hat es Sie dazu gebracht einzusehen, dass das Leben nicht immer so verdammt ernst sein muss.

Sie sind die besten Eltern für Ihr Kind

Als Mutter oder Vater können Sie entscheiden, wie Sie leben möchten, wie Sie mit Ihren Kindern umgehen und wie Sie mit ihnen kommunizieren möchten. Diese Entscheidungsfreiheit haben Sie in weit größerem Umfang, als Sie meinen. Sie haben sehr oft die Möglichkeit zu entscheiden, selbst wenn Sie es im Augenblick nicht so empfinden sollten.

Wir hoffen, dieses Buch konnte Sie erkennen lassen, dass nicht alle Entscheidungen Entscheidungen fürs Leben sind; dass es nicht immer dramatisch sein muss, Entscheidungen zu treffen. Und hoffentlich lässt Sie diese Einsicht freier atmen. Indem Sie sich Zeit nehmen innezuhalten und durchzuatmen, indem Sie es wagen, Ihre gewohnten Reaktionsmuster zu hinterfragen, schaffen Sie Raum für andere Entscheidungen. So werden Sie sich selbst öffnen und kreativ werden; und Sie werden sehen, dass dies mehr als eine Lebensweise ist. Häufig werden Sie dann zu Lösungen herangeführt, die Sie nicht mal im Traum erahnt hätten.

Das Leben als Eltern ist mit großer Wahrscheinlichkeit die lehrreichste Reise, die Sie im Leben unternehmen.

Ebenso ist es die Reise, die Ihnen die größten Chancen bietet, sich selbst zu entwickeln. Jon Kabat-Zinn ist der Meinung, Elternsein sei Arbeit und Abenteuer fürs ganze Leben, und wir neigen dazu, ihm zuzustimmen. Um jedoch diese Reise zu schaffen, müssen wir Mütter und Väter uns um uns selbst kümmern. In gewisser Weise kann man sagen, ist das das größte Geschenk, das wir unseren Kindern geben können.

Wenn Sie den Eindruck haben, dies sei schwer, und Sie gerne weiter gehen möchten, dann mag es gut sein, dass Sie an einem Meditationskurs teilnehmen und mehr über Meditation und achtsames Elternsein lesen. Betrachten Sie dies als Ihre eigene Zeit, in der Sie sich um sich selbst kümmern.

Fahren Sie damit fort, über Ihre Absichten und Intentionen als Eltern nachzudenken. Notieren Sie Ihre Gedanken auf gewöhnliche Post-it-Zettel und bringen Sie sie hier und da in Ihrer Wohnung an. Lassen Sie diese Zettel Sie daran erinnern, wie Sie in dem manchmal schwierigen Alltag wieder an die Oberfläche gelangen können.

Eine große Hilfe kann Ihnen dabei eine Elterngruppe sein, die sich regelmäßig trifft. Wir brauchen einander, um gemeinsam Schwierigkeiten und Freuden zu teilen. Auf der fantastischen und schweren Elternreise stehen wir nicht alleine da.

Allerdings ist es eine große Herausforderung, neue Gewohnheiten zu schaffen. Von einem Tag auf den anderen uns selbst, den Kindern und unserem Umfeld gegenüber ganz anders als früher zu begegnen, fällt uns schwer. Besonders dann, wenn unser Bauchgefühl mit den Jahren abgestumpft ist. Wir versprechen Ihnen jedoch, dass Sie es bald wieder wagen werden, auf Ihr Bauchgefühl zu vertrauen. Und Sie werden erkennen, dass es keine bessere Mutter, keinen besseren Vater auf der Welt gibt als Sie es sind.

DANKSAGUNG

Heidi

Mein Weg zur Achtsamkeit war von Schwierigkeiten und Trauer, aber auch von Helden gesäumt, die mir zur Seite standen, wenn das Leben dunkel war. Ich möchte mich vor ihnen verneigen.

Euch meinen lieben Kindern möchte ich danken, weil ich euch auf eurer Reise durchs Leben begleiten darf. Von euch habe ich schon so viel über Großzügigkeit, Verzeihen und Liebe gelernt. Ich danke dir Susie, meiner besten Freundin seit 25 Jahren, weil du mir das Licht in der Dunkelheit zeigst und mich an deiner Weisheit teilhaben lässt, die mich stets wieder auf den Weg zurückführt. Ich danke dir Sofia Paulson, für deine unendliche Geduld, deine Großzügigkeit und Liebe und dafür, dass du an mich glaubst; danke für die unendlichen Gespräche über Achtsamkeit und Elternsein und dass du an meinem Weg teilhast. Danke euch, Petra Skogh und Esmé Alexander, für eure Freundschaft, Liebe und die vielen Gespräche. Danke Anna-Maria, weil es dir gelingt, aus meinem Englisch-Schwedisch Magisches zu weben, und weil du verstehst, was ich meine!

Anna-Maria

Ich danke euch meinen Kindern für eure täglichen fein-sinnigen, klugen und lustigen Kommentare, für eure Inspiration und Freude! Ich möchte auch Jocke danken, der einfach da ist mit seiner Ruhe und dem Glanz in seinen Augen, selbst wenn zu viel um uns passiert. Danke dir Heidi dafür, dass ich durch dich verstanden habe, dass jetzt jetzt ist und dass wir – beinahe immer – unsere Lage beeinflussen können. Danke Lisa, Anna und Ann bei Bonnier Existens – ohne eure klugen Ansichten hätten Heidi und ich dieses Buch nur für die Schublade geschrieben.

Gelassenheitsgebet

Gott, gib mir die Gelassenheit,
Dinge hinzunehmen,
die ich nicht ändern kann,
den Mut, Dinge zu ändern,
die ich ändern kann,
und die Weisheit,
das eine vom anderen zu unterscheiden.

»Dann waren es gewöhnliche Tage, die einfach
gingen und kamen, und sie wussten nicht:
Es war das Leben, das sie bekamen.«

PETER LEMARC

»Wenn Sie sich wünschen, dass die Realität anders
wäre, als sie ist, könnten Sie genauso gut versuchen,
einer Katze das Bellen beizubringen. Sie können es
immer wieder versuchen, aber am Ende wird die
Katze Sie ansehen und doch ›Miau‹ sagen. Es ist
hoffnungslos, sich zu wünschen, dass die Realität
anders sein soll, als sie ist. Sie können den Rest Ihres
Lebens mit dem Versuch verbringen, eine Katze das
Bellen zu lehren.«

KATIE BYRON

Die Autorinnen

© Anna-Lena Ahlström

Heidi Andersen ist Trainerin für Achtsamkeit und Lehrerin für Stressreduktion, Therapeutin, Coach, Leiterin von Elternkursen. Ausgebildet am Center for Mindfulness an der University of Massachusetts, USA, unter anderem von Jon Kabat-Zinn und Saki Santorelli und in kognitiver Therapie und Stressreduktion am Center für Mindfulness an der Bangore University in Wales, Großbritannien. Sie ist außerdem ausgebildete Maltherapeutin und Künstlerin. Mutter von drei Kindern. www.mindfulnessmeditation.se

Anna-Maria Stawreberg hat viele Jahre als Journalistin für die Zeitschrift *Vi Föräldrar* (Wir Eltern) gearbeitet und Bücher für Eltern geschrieben. Gemeinsam mit Jesper Juul hat sie in Schweden das Buch: *Elterncoaching mit Jesper Juul* herausgebracht. Ihre anderen Bücher: *Alles, was Sie über den Schlaf Ihres Kindes wissen wollten...* und: *Feste für Große und Kleine.* Mutter von zwei Kindern.

Literatur

Gordon, Thomas: Die neue Beziehungskonferenz. Effektive Konfliktbewältigung in Familie und Beruf. Heyne, München 2002.

Hendrix, Harville; Hunt, Helen LaKelly: Giving the love that heals. Atria Books, 1998.

Juul, Jesper: Das kompetente Kind. Rowohlt TB-Verlag, Reinbek 1997.

Juul, Jesper; Stawreberg, Anna-Maria: Elterncoaching. Gelassen erziehen. Beltz, Weinheim 2011.

Kabat-Zinn, Jon und Myla: Gesund durch Meditation. Barth, München 1994.

Kabat-Zinn, Jon und Myla: Im Alltag Ruhe finden. Barth, München 1995.

Katie, Byron: Byron Katie über Eltern und Kinder. Goldmann, München 2006.

Rosenberg, Larry: Mit jedem Atemzug. Buddhas Weg zu Achtsamkeit und Einsicht. Arbor, Freiamt im Schwarzwald 2002.

Rosenberg, Marshall B.: Gewaltfreie Kommunikation: Eine Sprache des Lebens. Junfermann, Paderborn 2007.

Siegel, Daniel; Hartzell, Mary: Gemeinsam leben, gemeinsam wachsen: Wie wir uns selbst besser verstehen und unsere Kinder einfühlsam begleiten können. Arbor, Freiamt 2004.

Taylor, Shelley u. Sears David O.: Social psychology. Pearson Education 2005.

Thich Nhat Hanh: Mit dem Herzen verstehen. Theseus, Küsnacht 1989.

Williams, Mark; Teasdale, Jon; Segel, Zindel; Kabat-Zinn, Jon: Der achtsame Weg durch die Depression. Arbor, Freiamt 2009.